감07 철재
GARM ISSUE 07 STEEL

초판 1쇄 발행 2018년 9월 12일
초판 3쇄 발행 2021년 11월 4일

발행인	윤재선
편집장	심영규
에디터	정신오, 정경화
디자인	이경민
사진	이수연
교정·교열	하명란
발행처	에잇애플㈜
출판등록	2017. 4. 14.(제2017-000078호)
주소	06032 서울특별시 강남구 도산대로25길 36 3층
전화	02-537-1536
팩스	02-537-1532
전자우편	info@8apple.kr
홈페이지	garmmagazine.com
SNS	ⓘ garmssi
ISBN	979-11-89485-01-6
	979-11-89485-00-9(세트)

· 파본이나 잘못된 책은 구입처에서 바꾸어 드립니다.
· 이 책은 저작권법에 따라 보호받는 저작물이므로 무단전재와 무단복제를 금지하며, 이 책 내용의
 일부 또는 전부를 이용하려면 반드시 사전에 저작권자와 출판권자의 서면 동의를 받아야 합니다.
· 책값은 뒷표지에 있습니다.

Printed in Seoul, South Korea
All rights reserved. No part of this publication may be reproduced, stored in a retrieval
system, or transmitted in any form or by any means, electronic, mechanical, photocopying,
recording, or otherwise, without prior consent of the publisher.

감씨는 에잇애플에서 발행하는
건축재료 단행본 시리즈의
브랜드입니다.

GARM **Magazine**
감 매거진

일곱 번째 재료: 철재

garmSSI

Prologue 통찰의 건축

나는 건축가다. 35년간 외도 없이 설계하며 건축을 했다. 밤을 지새우며 하얀 종이가 연필심이 뭉개져 검게 될 때까지 그리고 지우고 버렸다. 한 장으로 귀결되는 생각을 찾아 수많은 종이와 시간을 흘려보냈다. 이런 '열정의 여정'을 통해 건축의 마지막 단까지 오를 수 있다고 믿었지만, 한참 지나 이 믿음이 오산이었음을 깨닫게 되었다. 그 누구도 이런 오류에 대해 말해준 적이 없었다. 되돌아가 다시 방향을 잡기엔 인생의 시간을 너무 많이 소비해 버렸다.

'건축의 꽃'이라는 설계에 중독되어 학교 설계실에서 20대를 보냈다. 사무소에서 실무를 하며 배운 설계는 실질적이지만 현장과 거리가 멀었다. 책상에서 배운 지식을 현실에는 어떻게 적용할지 피상적으로 대응하며 30~40대를 보냈다. 세월이 지나도 건축에 대한 이해는 제자리걸음이다. 전체에 치중하다 보면 부분을 놓치고, 부분에 집중하다 보면 전체가 흐트러졌다. 그 오류를 벗어날 방법을 찾으려 애썼지만, 알 수가 없었다. 복잡하고 방대한 '건축의 미로'에 갇혀버렸다.

세상은 보이는 것에 치중한다. 의미는 숨겨지고 자극적인 외피가 진실로 추앙받는다. 내면을 들여다볼 여유도 없다. 보이는 것에 치중한 건축은 시야를 흐리고 편식한 지식은 자신을 베어버리는 칼이 되기도, 내면을 가리는 협잡꾼이 되기도 한다. 탄탄한 지식과 경험은 사물을 보고 분별하는 통찰력을 위해 반드시 거쳐야 하는 과정이다. 통찰은 식견이자 안목이고 여러 분야의 지식을 통합해내는 지혜의 집결체다. 다양한 가치 사이의 충돌을 흡수하며 조화롭게 통합하여 미래 방향을 제시한다. 안목을 지닌 건축주는 통찰력 있는 건축가를 알아본다. 그리고 시대를 꿰뚫는 계획을 알아본다. 그래서 그의 제안을 거절하지 못한다. 우리는 통찰력 있는 자를 원하고 그는 세상을 이기고 변화시킨다. 그 통찰력으로 건축의 내면과 외면을 꿰어보자. "구슬이 서 말이라도 꿰어야 보배"라는 속담처럼 그 내외 면을 꿰어낼 수 있는 '실'을 얻기 위해 지금까지의 방식을 멈추고 돈과 외형으로 파묻혀버린 기본을 보자. 화려한 형태에서 벗어나 하나의 구성을 보자.

소재와 재료는 너무 방대하다. 한국의 현실을 반영한 자료는 찾기 어렵다. 체계적인 연구도 없다. 디자인을 배우려면 재료의 물성과 다름에 대한 이해가 있어야 한다. 재료의 물성을 모르면 쓰임과 다름에 실수가 생긴다. 물성에 맞는 재료의 선택과 시공 상세를 사용해야 일체화되어 각자의 역할을 해낼 수 있다. 재료의 공간적 감성은 장소성이나 취향으로 이어진다. 때론 재료 본연의 역할을 색다르게 표현하고 다른 재료로 실험해서 혁신을 일으키기도 한다. 이런 창의력은 예술적 행위와 연관된다. 재료를 고찰하지 않는 작가가 훌륭한 결과물을 만들어내기란 쉽지 않다.

사람들은 돈으로 건물을 짓는다고 생각한다. 건축은 자본의 결과물이기도 하지만 건축주의 의지와 건축가, 기술자, 행정가 등 많은 사람의 비전과 가치가 투여되는 과정의 결정체다. 훌륭한 건축은 비싼 공사비가 아니라 일련의 과정을 통해 나온다. 면밀한 계획의 틀 속에 반드시 구현해내려는 목표와 의지가 진정한 과정으로 부응한 건물이 훌륭한 건축으로 발효될 수 있다. 결국 건축은 사람으로 귀결된다. 그 계획을 다루는 과정에서는 특히 통찰력 있는 자가 필요하다. 그래서 우린 사람에 집중한다.

다시 희망해본다. 지금 하는 재료의 탐구 행위가 건축의 마지막 단계까지 다다르게 해주길 희망한다. 재료와 건축 간의 끊임없는 성찰의 시간이 통찰력 있는 건축인의 '실'이 되어주길 희망한다. 과거부터 미래, 의지에서 실현, 개인을 넘어 사회까지, 그리고 현재를 넘어서는 가치를 건축의 과정에 녹여 이 '실'로 꿰어보자. 그렇게 세상을 이기는 '통찰의 건축'을 꿈꾸는 안목을 지닌 건축인들이 배출되어 편협된 가치로 척박해진 이 땅의 건축을 보배로 거듭나게 해주길 기도해본다.

2018년 9월
발행인 윤재선

Editorial Letter

진정성의 철

철이 본격적인 건축재료로 사용된 역사는 의외로 짧다. 19세기에 들어와 코크스를 넣은 고로에서 정련하는 기술과 가공 기술이 발전하면서 비로소 대량생산됐기 때문이다. 현대에 들어서며 철은 모든 재료를 베어버릴 듯한 날카로움과 그 어떤 재료보다 더 단단한 강인함으로 아찔한 고층 건물과 거대한 공항, 경기장의 구조재가 되기도 하고, 다양한 도금과 도장의 옷을 입고 외장재로도 많이 사용된다. 이렇게 20세기의 근현대 건축은 철의 사용과 함께 발전했다고 해도 과언이 아니다.

감 매거진 시즌3은 철강과 석재 그리고 유리에 주목했다. 무척이나 달라 보이는 세 가지 재료는 모두 자연 상태의 원석에서 왔다는 공통점이 있다. 유리는 석영가루에서, 철은 붉은 철광석에서, 돌은 암석에서 떼어와 다듬어 건축재료로 사용한다. 유리는 그 한계를 넘어서 더 투명하고 강해지고 있고, 석재는 인공 화합물과 만나 다양한 디자인으로 아름다움을 발산한다. 또, 화학기술의 발달로 플라스틱이나 하이브리드 합성재료가 등장해 21세기 건축재료로 주목받고 있다. 금속에서는 알루미늄과 아연, 마그네슘 같은 비철 재료들이 신소재로 주목받고 있다. 반면 철은 단단하고 무겁다.

왜 철은 새로운 소재로의 개발이 빠르지 않을까? 철은 구조재부터 외장재까지 건축뿐 아니라 조선, 기계, 자동차 등 거의 모든 산업의 바탕을 이룬다. 제품 개발의 주기와 제품화까지 최소한 30~50년이 걸린다고 한다. 연간 국내 철강 관련 산업만 수십조 원 규모다. 그 산업 규모가 역대 다뤘던 재료 중에 가장 커 몇 가지 사례나 부분적인 이야기로만 취재할 수밖에 없었다. 대신 철을 만나기 위해 최대한 다양한 분야에 있는 사람들의 이야기에 귀를 기울였다.

시커먼 원석을 시뻘건 불로 녹여 쇳물을 만들고 정련해 철강 제품을 만드는 포스코, 현대제철 공장과 이곳에서 생산한 냉연강판과 열연강판 같은 다양한 강재 그리고 소비재인 후판과 컬러강판, 스틸와이어 등을 만드는 동국제강과 고려제강을 취재했다.

이렇게 원석으로부터 철강 제품을 생산하는 사람들뿐 아니라 거칠고 단단한 철을 자르고, 다듬고, 만지는 사람들도 만났다. 날카로운 철을 더 날카로운 레이저로 가공하는 인페쏘, 철을 마치 플라스틱과 같이 비정형으로 가공하는 스틸라이프와 심플라인 공장을 둘러보고 인터뷰했다. 철의 물성을 극대화하며 공간을 디자인하는 건축가들도 만났다. 타공철판을 골형으로 만들고 와이어 스틸의 인장력을 극대화해 기둥 하나 없는 대공간을 만들며, 조선업에나 사용하는 두꺼운 후판을 갈고 다듬고 만지며 다양한 가구를 디자인하는 사람들이다. 이렇게 감 매거진은 모두 25명을 만나서 수많은 질문을 쏟아내고 또 귀를 기울였다.

그들은 각기 다른 철학과 방법을 가지고 철을 대하고 있었다. 철의 가능성을 극대화해 종이와 같이 가볍게 제작하거나 고도의 특수 프린팅 기술을 통해 마치 섬유처럼 만들기도 한다. 철은 이렇게 천천히 그 한계를 넘어가고 있었다. 철은 인류가 발견한 가장 오래된 재료 중 하나이면서 건축가의 디자인을 가장 잘 구현할 수 있는 정직한 재료이기도 하다. 그리고 이들은 철을 절대 가볍게 사용하지 않고 날카로우면서도 투박하게 다룬다. 이들에게서 볼 수 있는 태도는 진정성authenticity이다.

철은 순수하다. 물론 불순물과 함께 다양한 물리적·화학적 작용을 하지만 여전히 무겁고, 녹슬고, 단단하다. 그것은 절대 변하지 않는 특성이다. 철을 바라보는 관점과 사용법은 모두 다르지만 진정성의 철을 통해 많은 가능성을 발견하는 점은 모두 같다.

편집장 심영규

나사는 작은 가구부터 대형 기계까지 서로 다른 부품을 결합하고 고정하기 위해 사용한다.

철은 패턴을 만들고, 종이처럼 접어서 자유자재로 가공하는 것이 가능해 조경 시설물로 쓰이기도 한다.

철은 사용성이 좋고 단단해 도로, 교량, 철도 등 토목 구조용으로 많이 쓰인다.

건축에서 철은 하중을 버티는 뼈대의 기능을 넘어 외관을 좌우하는 외장재로서의 역할도 한다. 사진은 독일 뮌헨에 위치한 BMW 벨트.

GARM

ISSUE 07 STEEL

Contents

Intro
Prologue 통찰의 건축
Editorial Letter 진정성의 철

1. Story of Steel
1.1 Characteristics of Steel 철강의 특성 … 18
1.2 History of Steel 건축재료로서의 철강 … 20
1.3 Types of Steel 철강의 분류: 형태로 알아보는 철 … 24
1.4 Development of Steel 건축용 철강 제품의 개발 현황 … 28
1.5 Manufacturing of Steel 철강 제품의 생산 … 32
    Reportage 건축물의 뼈대, 형강을 만들다 현대제철 인천공장 … 34
    Reportage 녹슬지 않는 디자인을 입히다 동국제강 주장한 이사 … 38

2. Architecture of Steel
2.1 Works of Steel 철 건축의 현재 … 46
    Interview 철의 매력을 끊임없이 탐구하다 조병수건축연구소 조병수 대표 … 48
    Interview 날카로움과 정확함으로 틈을 내다 HG-Architecture 국형걸 대표 … 56
    Interview 순수한 철을 있는 그대로 드러내다 원오원 아키텍츠 최진석 프로젝트 디렉터 … 62
2.2 Reportage 오랜 시간 손으로 합을 맞추다 대흥금속 김성운 대표, 원오원 아키텍츠 최진석 프로젝트 디렉터 … 70
2.3 Skin, Structure, Skin Frame 뼈와 근육 그리고 외피 동양구조안전기술 정광량 대표, SG신성건설 이우종 본부장
    유아이에이건축사사무소 위진복 대표 … 74
2.4 Processing of Steel 건축용 철의 가공 … 82
    Reportage 독보적인 비정형 곡면 성형 기술 스틸라이프 박광준 대표 … 84
    Reportage 차가운 철강을 가르는 날카로운 레이저 인페쏘 유봉열 대표 … 90

3. Challenge of Steel
3.1 Steel with Beauty and Function 거친 철강에 아름다움과 기능을 더하다 포스코 철강솔루션마케팅실 이택준 차장 … 98
3.2 Modular Architecture 유닛을 쌓아 구축하다: 2018 평창동계올림픽 미디어레지던스 … 102
3.3 Earthquake Resistant Steel 지진에 강한 철을 만들다 현대제철 신수요개발1팀 조범수 팀장 … 108
3.4 City with Colorful Steel 도시의 색과 디자인을 바꾸다 동국제강 신사업개발팀 박영준 팀장 … 114
3.5 The Future of Smart Cable Architecture 스마트 케이블 건축의 미래를 꿈꾸다 고려제강 박남준 마스터 … 118
3.6 Revolution of Steel 새로운 철의 수요와 시장 … 122
    Interview 인공의 정밀함 속 순수한 아름다움 조각가 김병호 … 124
    Interview 철로 구현한 디테일과 디자인 레어로우 양윤선 대표 … 130

4. Supplement
4.1 철을 만나는 공간 … 138
4.2 철재 생산과 가공·시공 업체 정보 … 146

1

Story of Steel

Character-
istics
of Steel

철강의 특성

글 편집팀

철iron과 강steel을 합쳐 철강(鐵鋼)이라고 한다. 건축재료로서의 철은 19세기 이후에 본격적으로 등장한다. 그 이전에는 주로 주철과 제련철을 부분적으로 사용했지만, 극히 일부로 제한됐다. 1868년 철을 고온으로 녹이는 노공법이 개발되고 산업화 시대 이후 대량생산이 가능해지면서 철강은 그 어떤 것보다 경제적이고 강인하며 무한한 가능성을 가진 재료가 됐다.

금속은 일반적으로 전성이 있어 얇게 펼 수 있고 다양한 형태로 가공이 가능해 건축재료로 유용하다. 그중에서도 철은 가장 많이 쓰이는 금속이다. 원료인 철광석은 자원이 풍부하고 비교적 쉽게 철로 만들 수 있어 다른 건축재료보다 경제적이다. 단, 순수한 철은 부식이 쉽고 무르기 때문에 모두 합금alloy으로 사용한다. 일반적으로 철은 탄소(C), 망간(Mn), 규소(Si), 인(P), 유황(S) 등을 함유하는데 이 중에서 탄소량이 철의 성질에 가장 큰 영향을 미친다. 탄소량을 기준으로 **철, 강, 주철**로 구분하며 탄소는 제조 과정 중에 자연 혼입을 하거나 특별한 성질을 얻기 위해 인공 혼입을 하기도 한다. 이번 책에선 주로 **철금속**과 **철합금**을 다룬다. 그 외의 금속은 비철금속이라고 하며 알루미늄(Al)이 가장 많이 쓰인다. 이외에 구리(Cu), 아연(Zn), 주석(Sn), 크롬(Cr), 망간, 티타늄(Ti) 등이 있다.

철강의 특징

철강은 고체 상태에서 결정 형태로 존재하고 열과 전기를 전달하며, 광택이 있다. 얇게 펴지는 전성과 길게 늘어나는 연성이 풍부해 소성 변형[1]이 가능하다. 경도가 높고, 내마멸성이 우수하다. 반면에 비중이 크고 녹이 생기며, 색상이 제한적인 것이 단점이다.

또한 대부분 담금질, 가열냉각, 냉간 성형 등 열처리에 의해 철의 조직이 바뀌어 특성이 변한다. 열처리는 가열했다가 서서히 상온으로 냉각하는 풀림annealing, 열처리 후 자연 냉각하는 불림normalizing, 가열 후 급랭하는 담금질quenching, 담금질한 것을 재가열하고 공기 중에서 냉각하는 뜨임질tempering 등 다양한 종류가 있다.

철강은 탄소의 함유량에 따라 성능이 달라진다. 탄소가 증가하면 비중, 열팽창계수[2], 열전도율이 떨어지고 비열과 전기저항은 커진다. 철강의 특성을 이해하기 위해서는 인장강도, 응력도-변형률 곡선[3], 항복비[4], 경도, 압축강도, 피로강도[5], 용접성 등의 물리적 성질에 대한 기본적인 이해가 필요하다.

철강의 또 다른 특징 중 하나는 부식이다. 철은 가스나 액체에 의해 침식되면서 부식이 일어나는데 이렇게 산화에 의한 것을 건부식, 또는 화학적 부식이라고 한다. 콘크리트처럼 약한 알칼리성을 띠는 물질에 대해서는 영향을 거의 받지 않아 철근콘크리트 구조물이 많이 사용된다.

철강의 제조

철강은 제조 과정이 복잡하지만 크게 **'원료-제선-제강-조괴-압연'**의 과정으로 나뉜다. 철광석에 코크스cokes 등을 넣고 용광로에서 고온으로 가열하면 선철이 나온다. 이 과정을 **제선**製銑, iron making 이라고 한다. 선철은 그 자체로는 사용할 수 없고 불순물을 제거하는 **제강** 과정을 거치면서 강으로서의 성능을 갖게 된다. 용융된 강을 꺼내 주형에 넣어 강괴ingot를 만드는 과정을 **조괴**라고 한다. 이 강괴를 3단롤로 보내 형태를 만들면 각종 형강이 되고, 가열해 열간압연기(熱間壓延機)[6]에 넣으면 철근이나 다른 제품을 만들 수 있다.

용어정리
1) 소성 변형 고체재료의 가소성을 이용해서 누르거나 두들겨서 모양을 바꾸는 일.
2) 열팽창계수 열팽창에 의한 물체의 팽창 비율. 보통 일정한 압력하에서 온도가 1℃ 올라갈 때마다의 부피 증가율로 표시한다.
3) 응력도-변형률 곡선 물체에 작용하는 하중에 의해 내부에 생기는 응력과 변형의 관계를 나타내는 선도. 재료의 비례한계, 탄성한계, 항복점, 세기, 신장률 등의 역학적 성질을 표시하기 위해 사용한다.
4) 항복비 강재의 항복점과 인장 강도의 비. 강재의 기계적 성질을 나타내는 하나의 지표. 항복비가 커지면 부재의 변형 능력을 저하한다.
5) 피로강도 재료가 반복 하중이나 교번(交番) 하중을 수십만 회 또는 수백만 회 받으면 탄성 한도 보다 훨씬 작은 하중에도 파괴된다. 이때 피로에 대한 재료의 강도를 피로강도라 한다.
6) 열간압연기 가열된 원재를 압연하여 일정한 규격의 형태와 두께로 만드는 기계.

History of Steel

건축재료로서의 철강

글 이종민
(포스코경영연구원 철강연구센터 수석연구원)

세계철강협회World Steel Association의 통계에 의하면 2007년부터 2016년까지 10년간 세계 철강 수요의 47%가 건설산업에 사용되었다. 2017년 전 세계 조강생산량은 16.9억t으로 중량 기준에서 철은 콘크리트 다음으로 세계에서 가장 많이 생산, 소비되는 건축재료다. 그렇다면 인류는 언제부터 철을 사용하였을까? 건축재료로서 철의 시작부터 현대건축의 소재로서 철의 위상, 새로이 개발되는 신제품까지 함께 알아본다.

인류는 언제부터 철을 사용했을까?

인류가 최초로 철을 사용하게 된 경위에 대해서는 크게 세 가지 견해가 있다. 첫 번째는 청동의 원료인 황동석을 채광하던 중 비슷한 색깔을 내는 적철광을 착각하고 제련하면서 철을 발견했다는 '채광착오설'이다. 두 번째는 지표에 존재하는 철광석이 산불에 녹아 철의 존재를 알렸다는 '산불설'이다. 마지막으로 세 번째는 하늘에서 떨어진 운석에서 철이 발견됐다는 '운석설'이다.

학자마다 견해는 조금씩 다르지만, 현실적으로 가장 가능성을 인정받고 있는 가설은 '채광착오설'이다. 고고학자들의 견해에 따르면, 인류는 이미 기원전 6000년 즈음부터 금속을 알고 있었으며, 기원전 1200년 즈음에는 전 세계 여러 지역에서 철을 사용하기 시작했던 것으로 추정된다.

철기시대의 시작에 가장 큰 기여를 한 고대국가는 히타이트Hittite였다. 히타이트인들은 쇠를 녹여 철기를 만드는 것이 아니라, 쇠와 불순물이 섞여 있는 스펀지 형태의 덩어리를 두드려 단철(鍛鐵)을 만들었다. 당시 히타이트 제국의 야금 기술은 지구상에서 독보적이었고, 이들이 거주하는 지역에 철광석이 풍부했기 때문에 고대 철기국가로 성장하게 된다. 세계 4대 고대 문명 가운데 티그리스강과 유프라테스강 인근의 메소포타미아 문명이 가장 먼저 시작되고 발전한 이유가 바로 이 철기 제조 기술 덕분이다.

건축용 철강은 19세기부터

현대건축물 대부분은 철근콘크리트RC나 철골구조로 건설되고 외벽에도 철강 재료를 사용한다. 하지만 실제로 인류가 철을 가지고 건축물을 만들기 시작한 것은 그리 오래되지 않았다.

18세기 후반까지의 제철 기술로는 대량의 철강재를 제조하기가 어려워서 하나의 건물을 완성할 정도로 충분히 공급할 수 없었다. 뿐만 아니라, 가격도 매우 비싸 경제성을 확보하기 어려웠다.

보통 자연 상태의 철은 철광석이라고 불리는 적철광Fe_2O_3이나 자철광Fe_3O_4처럼 산소와 결합된 산화물의 형태로 존재한다. 따라서 철광석을 녹여 철을 만드는 공정은 산화물에서 산소를 떼어내는 화학반응인 환원공정에 의해 이루어진다. 문제는 철광석을 녹일 정도로 높은 열을 내야 하는데, 이를 위해서는 탄소를 다량 함유한 연료가 필요하다는 것이다.

고대 대장간부터 17세기 제철소에서 철을 만들 때 주로 사용된 원료는 목탄이었다. 그러나 목탄은 제선 과정에서 발생하는 화력에 의해 쉽게 타버렸다. 철 1t을 생산하기 위해서는 목탄 1,000t이 필요하였다. 목탄을 원료로 할 경우에는 생산되는 철의 양이 적을 수밖에 없는데다 품질도 그리 좋지 않았다.

이러한 문제를 해결한 이가 바로 영국의 아브라함 다비Abraham Darby다. 1709년에 석탄을 코크스로 만들고 이것을 연료로

철을 함유한 광물은 여러 종류가 있지만 제철원료로는 적철광을 주로 사용한다

아브라함 다비가 개발한 코크스법을 바탕으로 아브라함 다비 3세는 아이언브리지(1779)를 건설했다.
세계 최초의 철교인 이 구조물은 석 달이라는 짧은 시간 안에 완성되었다.

독일 뒤셀도르프 북동쪽 에센지방에 위치한 탄광 산업단지 졸버레인Zeche Zollverein. 현재는 복합문화공간으로 사용된다.

하여 철을 대량생산하는 코크스제조법이 개발된다. 그는 품질이 좋은 석탄을 공기와 통하지 않도록 밀폐된 로에 넣은 후 고온으로 건조해 코크스를 만들었다. 동시에 철광석과 코크스가 오랫동안 접촉할 수 있도록 적절한 크기의 용광로를 제작해 코크스가 용광로 안에서 일산화탄소를 생성하며 철광석을 충분히 환원할 수 있게 했다. 다비가 개발한 코크스법은 그의 아들과 손자인 다비 2세와 3세를 거치면서 기술적 진화를 계속한다. 다비 3세는 세계 최초의 철교인 아이언브리지Iron bridge(1779)를 건설하기도 했다.

미국의 베들레헴스틸Bethlehem Steel사가 개발한 와이드 플랜지 빔Wide Flange Beam기술이 용접 기술의 발전과 더불어 널리 사용된다. 철골구조의 가공이 단순화되고 시공 속도가 빨라지며 철강재가 본격적으로 사용되는 계기가 된다.

철강을 최초로 건축에 이용한 대표적인 사례는 1851년 영국의 만국박람회를 위해 현재의 런던 하이드 파크Hyde Park에 지어진 수정궁Crystal Palace이다. 정원사 출신 기술자인 조셉 팩스턴Joseph Paxton이 설계한 수정궁은 가로 124m에 세로 564m로 면적이 약 6만 7,000m²인 대지 위에 30만 장의 유리와 4,500t의 주철로 건설되었는데, 이전까지 단 한 번도 시도된 적 없는 대형 구조물이었다. 정확하게 말하자면 철제 구조물 위에 유리를 덧씌운 건물로, 이전의 목재나 석재로 만드는 건축에 익숙했던 관람객들에게 투명하게 빛나는 벽과 지붕, 그리고 경쾌하면서도 유려한 맵시를 자랑하는 새로운 양식의 건물은 놀라울 수밖에 없었다. 당시 사람들에게는 이 건물이 수정궁이라는 이름처럼 유리로 만든 아름다운 궁전으로 인식되었다. 수정궁은 철강을 규격 재료로 만들어 조립한 최초의 건물이자 철강재의 우수성을 가장 단적으로 보여준 사례로서 역사적으로 중요하게 조명받고 있다. 수정궁은 규격화된 철강 프레임과 벽면을 구성하는 122×30㎝의 규격 유리를 기본으로 사용하여 조립해 만든 덕분에 6개월이라는 짧은 건축 기간 내에 완성하였으며 시공비도 크게 절감할 수 있었다.

30만 장의 유리와 4,500t의 주철로 건설된 수정궁은 철강을 규격 재료로 만들어 조립한 최초의 건물이자 철강재의 우수성을 가장 단적으로 보여주는 사례다.

건축용 소재로서의 장점

건축용 소재로서 철강 제품의 가장 큰 장점은 경제성이다. 대량생산을 통해 규모의 경제를 실현하고 풍부한 철광석 부존량덕에 현대의 철강 제품은 저렴한 가격으로 시장에 공급된다.

2018년 6월 기준 열연강판 1t의 국내 유통가격은 85만 원으로, 철 1kg당 850원 수준이니 무게를 기준으로 비교한다면 고급 생수보다 저렴한 셈이다.

높은 강도와 내구성 그리고 재활용률도 무시할 수 없다. 철은 합금원소와 열처리 등으로 건축물에서 필요한 강도를 구현할 수 있다. 또한 자성을 띠어 건축물을 해체할 때에도 알루미늄 등 다른 금속 대비 회수율이 높고 재활용이 쉬워 친환경 소재로 각광받고 있다.

또 다른 장점은 바로 열팽창 특성이다. 열팽창계수가 10~12ppm/℃인 철강 제품의 경우 1℃ 증가할 때마다 1m당 10~12㎛씩 팽창한다. 현대건축의 대부분을 차지하는 철근콘크리트 구조도 철강과 콘크리트의 열팽창으로 해석할 수 있다. 철근과 콘크리트는 열팽창계수가 거의 같기 때문에 대기 온도 변화로 인하여 발생할 수 있는 재료 간의 응력을 무시할 수 있다. 만약 두 재료의 열팽창 성질이 달랐다면 여름철이나 겨울철이 지난 후에 균열이 심각하게 일어날 수 있으나 비슷한 열팽창계수로 인하여 경제적으로 형상과 치수에 크게 제약받지 않고 구조물을 만들 수 있는 것이다.

Types of Steel

철강의 분류: 형태로 알아보는 철

글 편집팀

철강은 통상적으로 제품에 포함된 원소함유량 등을 기초로 하여 강종(鋼種)으로 구분하거나 제품의 형상(形狀)에 따라 분류한다. 건축용은 사용 목적에 적합한 모양으로 가공하거나 변형한 제품이 머릿속에서 쉽게 연상되므로 주로 형상에 따른 분류로 설명하고자 한다. 철강 제품의 형상에 따른 분류는 크게 봉형(棒形) 강류, 판재(板材)류, 강관(鋼管)류 그리고 주강(鑄鋼)품과 단강(鍛鋼)품 등으로 구분할 수 있다.

철강의 물성별 종류

❶ **탄소강** 인류가 사용하는 모든 철은 탄소강이다. 일반적으로 0.04%~1.7%의 탄소를 함유하며 탄소의 함량에 따라 저탄소강과 중탄소강, 고탄소강으로 나뉜다.

❷ **특수강** 강의 5대 원소(C, Si, Mn, P, S) 중 1개 원소의 함유량이 1%를 넘거나 탄소강에 니켈(Ni), 크롬 등의 합금원소를 첨가하여 특수한 성질을 부여한 강, 특수한 제강 방법을 통하여 불순물을 극히 낮은 수준으로 제어한 강을 지칭한다. 특수강은 보통강보다 강인성, 내마모성, 내식성 등이 요구되는 특수 용도에 사용하기 위해 제강공장에서 생산한 강재를 그대로 사용하지 않고 절삭, 단조, 인발 등의 가공을 통해 용도에 맞는 열처리를 한 후 특수 용도에 한정적으로 사용된다.

❸ **주철** 일반 강보다 녹는점이 낮아 복잡한 형태로 주조[1]가 가능하다. 그러나 압력을 가해 성형하는 압연[2]이나 단조가 불가능하다. 보통주철, 합금주철, 가단주철, 칠드주철, 구상흑연주철 등이 있다. 창호의 철물, 자물쇠, 방열기, 맨홀 뚜껑 등으로 쓰인다.

❹ **주강** 전기로나 평로, 도가니로 등에서 융해한 강을 일정 형상을 갖춘 주형에 주입하여 원하는 형태로 만든 제품이다. 탄소를 0.15~0.5% 정도 포함하고 있으며 기계 부품같이 단조로는 만들기 어렵다. 주철보다 연신율이 좋고 인장강도가 커 주철로는 강도가 부족한 경우에 주강을 대신 사용한다.

---

❶ **봉형 강류** steel bar
1. 봉강(원형, 육각형, 나사봉, 사각형, 이형)
2. 형강
   1) I형강
   2) H형강
      · 비대칭 H형강 · 무늬 H형강
   3) ㄱ형강(앵글)
      · 등변 ㄱ형강 · 부등변 ㄱ형강
      · 부등변 부등두께 ㄱ형강
   4) ㄷ형강(채널channel, C형강)
      · 경사두께 ㄷ형강 · 평형플랜지 ㄷ형강
   5) 구평형강, T형강
3. 선재
   1) 원형, 정방형, 육각형, 이형 등
   2) 철근
      · 일반 · 고장력 · 초고장력 · 용접용 · 내진용

❷ **판재류** steel plate
1. 후판(thick plate): 두께 6㎜ 이상 제품
2. 열연강판
3. 냉연강판
4. 표면처리강판
   · 용융아연도금강판 · 전기아연도금강판
   · 갈바륨강판
5. 전기강판

❸ **강관류** steel pipe
1. 용접강관
2. 무계목강관
   1) 특수배관용강관
   2) 정밀무계목강관
3. 스파이럴강관

❹ **주강품** steel casting

❺ **단강품** forged steel

봉형 강류는 소위 패스너라고 불리는 볼트와 너트의 소재로 사용된다.

두께가 6㎜ 이상인 판재는 후판이라 부른다.

철강 제품의 형상별 분류

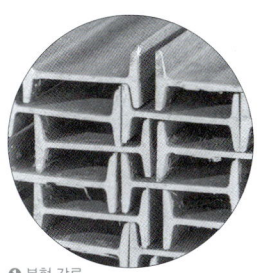
❶ 봉형 강류

❷ 판재류

❸ 강관류

❹ 주강품

❺ 단강품

❶ **봉형 강류** 나뭇가지 모양으로 길게 가공하여 생산된 제품. 대표적으로 봉강(棒鋼), 형강(形鋼), 철근, 선재(線材) 등이다. 봉강은 단면이 원형, 정방형, 육각형 등으로 압연 혹은 단조된 것을 일정한 길이로 절단한 강재다. 일반 기계부품, 선박, 차량용 각종 부품과 소위 패스너fastner라고 불리는 볼트나 너트의 소재로 사용된다.

1) 형강 section shape steel 단면의 형상을 ㄱ, ㄷ, H, I자 모양으로 가공한 것. 형강 제품의 50~60%는 H형강으로 철골조 건축물의 소재로 많이 사용된다. H형강은 RH Rolled H-Beam 제품이 주종을 이루었으나 최근에는 건축물의 설계에 맞추어 형강을 제작한 BH Built up H-Beam가 출시되고 있다. RH제품이 대량생산이 가능하다면, BH는 후판 등을 주로 용접해 주문 제작한다. RH 제품으로 설계된 건축물을 BH로 재설계할 경우, 5% 이상의 강재 절감 효과를 볼 수 있다.

2) 선재 단면이 원형으로 압연된 코일 형태의 강재로 못, 철사, 철망 및 피아노선 등 각종 선형 제품의 재료로 사용된다. 건축재로 가장 많이 사용되는 철근은 콘크리트 안에 묻어서 보강하기 위해 쓰이는데 크게 일반 철근과 고장력 철근으로 구분된다. 철근의 규격 표기 방법은 지름이 10mm일 경우 D10으로 표기한다. 일반적으로 쓰이는 철근의 지름은 10, 13, 16, 19, 22, 25, 29, 32, 36, 38mm 등이고 길이는 9m가 표준이다. 철근은 표면의 요철에 의해 콘크리트와의 부착성을 높이고 콘크리트에 균열이 생기는 것을 막아 건축물의 강도를 높인다(감03 콘크리트편 p.49 참고).

❷ **판재류** 봉형 강류와는 달리 넓적하게 생겼다. 두께가 6mm 이상인 두꺼운 판자 모양의 후판(厚板)과 압연 정도에 따라 열연강판과 냉연강판 그리고 표면처리강판과 전기강판 등으로 구분된다. 후판은 대부분 조선용으로 사용되며 냉연[3], 열연[4], 그리고 표면처리강판은 압연과 도금 처리 등 추가 공정 여부에 따라 구분된다. 자동차, 가전, 사무용품, 가구, 건축 등 거의 모든 분야에 사용되고 건축용 시장에서는 지붕재와 건물 외장재로 표면처리강판이 많이 쓰인다.

❸ **강관류** 각종 파이프 종류를 의미하는데 크게 강판을 둥글게 말아 접합부를 용접해 생산하는 용접 강관과 원형 봉강의 가운데를 뚫어 이음매가 없도록 만든 무계목seamless 강관으로 구분된다.

❹ **주강품** 전기로 등에서 생산된 용강을 일정 형상의 주형에 주입해 만드는데 주로 최근에는 기계 가공법이 필요하지 않은 정밀주조법을 적용해 자동차 부품 등의 제조에 많이 쓰이고 있다. 주강품은 공장 기계, 산업기계, 자동차, 중장비 부품, 선박 부품, 밸브류, 석유화학, 건축 구조물 등에 사용된다.

❺ **단강품** 강괴[5], 빌릿 등을 가열해 프레스로 누르거나 해머로 두들겨서 만든다. 압연강재나 주강품보다 강도가 우수하여 높은 강도를 요하는 자동차, 선박, 철도차량의 부품, 압연 용기 및 부품 등에 사용된다.

용어정리
1) 주조 액체 상태의 재료를 형틀에 부어 넣어 굳혀 모양을 만드는 방법.
2) 압연 금속의 소성을 이용해서, 고온 또는 상온의 금속재료를 회전하는 2개의 롤 사이로 통과시켜 여러 가지 형태의 재료, 즉 판·봉·관·형재 등으로 가공하는 방법.
3) 냉연 냉간 압연. 금속을 가열하지 않고 상온이나 그에 가까운 온도에서 눌러 늘이는 가공.
4) 열연 열간 압연. 강철 따위의 금속을 재결정 온도 이상으로 가열하여 압연하는 방법.
5) 강괴 거푸집에 용강(鎔鋼)을 부어서 굳힌 것. 강철 잉곳이라고도 한다.

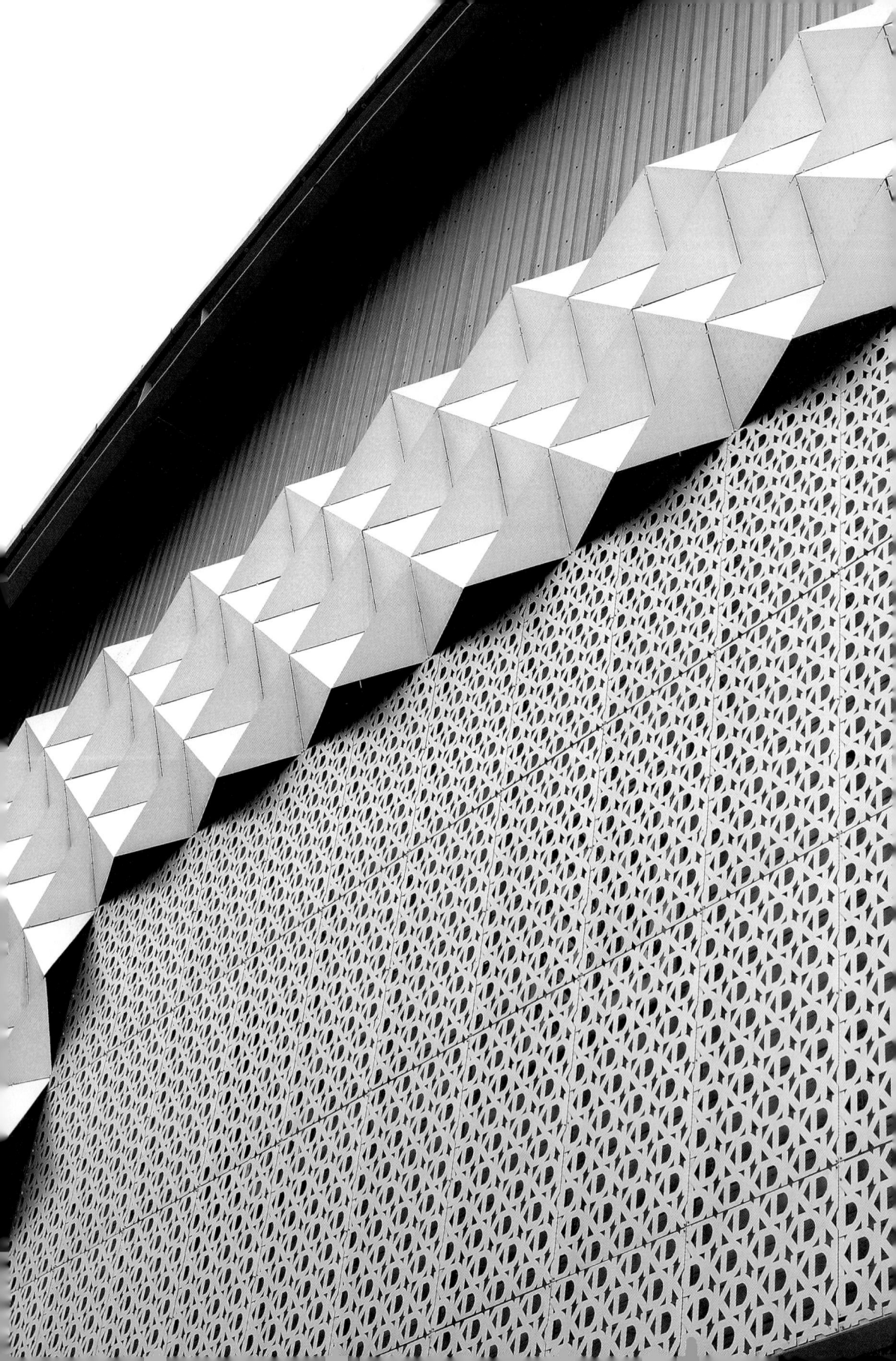

Develop-
ment of
Steel

건축용 철강 제품의 개발 현황

글 이종민
(포스코경영연구원 철강연구센터 수석연구원)

건축용 철강산업에서 가장 눈에 띄는 점은 과거보다 두껍게 만드는 후물화(厚物化)와 고강도화(高强度化)다. 초고층, 초대형 건축물이 등장하면서 이러한 변화는 더 빠르게 진행되고 있다.

건축 구조물이 대형화되면 사용되는 구조부재의 단면이 증가한다. 최근 들어 80㎜ 혹은 100㎜ 두께의 후물 강재가 시장에서 많이 요구된다. 따라서 제품을 공급하는 철강회사에서는 판 두께에 대한 물성을 보증하고 저온에서 균열 저항성을 확보하기 위해 후물 제품에 대한 성능과 품질 확보에 연구 개발을 집중하고 있다.

건축용 강재의 고강도화는 대형화되는 철골조 건축물을 건설하고 유지하기 위한 기계적 물성을 충족하는 한편, 건축에 필요한 전체 물량을 줄여 경제성을 확보하는 장점이 있다. 국내의 경우 롯데월드타워, 인천국제공항 제2여객터미널 등에 800㎫급의 초고강도 강재가 적용되었는데 기존 570㎫급 강재보다 30% 정도 물량을 줄이는 효과가 있다.

내지진 강재

최근 경주와 포항 지진으로 내진에 대한 관심이 높아지며 건축용 강재 시장에도 내진에 대한 연구가 많아지고 있다. 한국은 2000년부터 주요 건축물에 대한 내진설계를 의무화한 바 있다. 건축물 설계 시 3층 이상의 건물은 진도 6을 견딜 수 있도록 내진설계를 해야 하고, 내진 강재를 사용해야 한다는 규정이 생긴 이후, 공공기관, 대규모 시설물 등에 대한 내진 성능 보완 작업이 꾸준히 이루어지고 있다. 내진 강재 중 가장 대표적인 제품은 SN 강재다. SN 강재는 내진 성능 향상을 위해 항복비가 80% 이하로 낮게 설계된 강재다. 여기서 항복비(降伏比)란 강재의 인장강도 대비 항복강도의 비율을 의미한다. 80% 이하로 설계한 것은 지진과 같은 외력이 발생했을 때 강재의 소성 변형이 시작되는 시점부터 최종 파단(破斷)에 이르기까지의 시간적 여유를 확보해 인명피해를 최소화하는 데 목적을 둔다. 2005년 국내 최초로 내진 성능을 확보한 H형강 강재인 SHN(건축구조용 압연H형강) 강재와 2013년부터 선보이기 시작한 내진용 철근 제품이 주목받고 있다(p.109 지진에 강한 철을 만들다 참고). 기존 철근 대비 강도가 향상된 고성능 내진용 철근들도 철강사별로 개발해 판매하고 있다. 우리나라의 경우 2000년 이전의 건축물들은 상당수가 내진설계가 반영되지 않았기 때문에 안전에 대한 우려가 많다. 따라서 최근 학교시설, 대규모 관람·집회 시설을 대상으로 강재를 이용한 내진 보강공법들이 적용되고 있다.

제진강판과 고망가니즈 강판

아파트, 빌라 등 주거시설에서 사회적 문제로 논의되는 이슈 중 하나는 바로 층간소음이다. 이웃 간의 폭행이나 살인까지 이어지는 사건이 발생하여 뉴스가 되기도 하는데 이러한 문제를 해결하려는 건축자재의 개발이 활발하게 진행되고 있다. 그중 대표적인 제품이 바로

내진용 강재는 남극 장보고기지처럼 극한의 환경에 건설된 구조물에도 쓰인다.

Story of Steel

국내의 경우 롯데월드타워, 인천공항 제2여객터미널 등에 800㎫급의 초고강도 강재가 적용되었는데
기존 570㎫급 강재보다 대략 30% 정도 물량을 줄이는 효과가 있다.

2018 평창동계올림픽 미디어레지던스는 유닛 외부를 볼팅이 없는 포스맥 무도장패널로 마감하고,
실내 시스템월과 유닛배스 내부는 포스맥 컬러강판을 사용했다.

제진강판Vibration Damping Steel이다. 제진강판은 소음, 충격과 같은 외력이 강판에 가해지면 진동하는 원리로, 진동에너지를 열에너지로 전환해 진동을 감쇄한다. 건축용 시장에는 지붕이나 마루, 벽면 같은 건축재와 엘리베이터 소재로도 사용되고 있다. 제진강판을 사용할 경우 용도나 환경에 따라 다르기는 하나 통상적으로 기존 소재 대비 5~20dB의 소음저감 효과가 있다.

제진강판은 30℃ 정도에서 최대의 효과를 보이지만 고분자물질을 사용하기에 온도에 따라 방진 성능이 떨어진다. 이런 단점을 극복하기 위해 최근에는 망가니즈(Mn) 원소를 활용한 고(高)망가니즈 강판이 개발되어 시장에 출시되었다. 고망가니즈 강판은 영하와 고온에서도 방진 성능이 유지된다.

최근 출시되는 3원계 도금 제품은 내식성이 우수해 바닷가와 같이 고내식성이 필요한 환경에서 매우 효용이 높다.

건축 내외장용 강재

건축용 외장재는 내식성을 높이기 위해 도금 제품이 주로 사용되는데 아연이나 알루미늄 같이 하나의 1원계를 도금한 도금재와 아연-알루미늄 혹은 아연-마그네슘 합금의 2원계, 그리고 아연-알루미늄-마그네슘의 3원계 도금재 등이 시장에 선보이고 있다.

최근 출시되는 3원계 도금 제품의 경우 기존 아연 1원계 제품과 비교해 표면 내식성이 5~10배 정도 우수하다. 이런 이유로 건축 외장재로서 축사, 태양열 발전 외부 지지재, 물탱크, 가드레일 등 다양한 용도로 사용되고 있으며 그 사용 영역 또한 확대되고 있다. 3원계 도금 제품의 대표적인 주자는 포스코POSCO의 포스맥PosMAC 제품이다(p.99 거친 철강에 아름다움과 기능을 더하다 참고). 바닷가와 같은 고내식성이 필요한 환경에서 매우 효용이 높은데 포스맥은 기존 용융아연도금강판(GI) 제품 대비 5배 이상의 내식성을 갖추고 있다.

건축 내장재 시장에 최근 출시되고 있는 또 다른 신제품은 포스아트PosArt로 잉크젯 프린트 기술을 컬러강판에 적용하여 이미지를 철강 제품에 구현한다. 이밖에도 세균, 바이러스, 곰팡이를 억제하는 항균 컬러강판이 출시되는 등 건축 내장용 강재의 다양화와 고기능화 경쟁이 활발하게 이루어지고 있다.

유통과 향후 시장 전망

철강 제품은 수요 산업별로 거래 형태의 특징이 두드러진다. 자동차, 조선 산업의 경우 상대적으로 판재류를 많이 사용한다. 부품 등으로 가공을 하는 물량이 있어도 철강업체와 고객사가 직접 거래하고 있다. 반면 국내 출하 중 가장 큰 비중을 차지하는 건설용 수요는 철강사의 직계 대리점 등 유통점을 통하여 거래되는 비율이 높은 편이다.

2017년 연간 기준 국내 철강재 출하 물량은 약 5,200만t 이 중 유통으로 거래되는 물량은 1,830만t이다. 가장 대표적인 건설용 강재인 철근의 동기간 출하 물량은 1,140만t이며 이 중 유통·대리점을 통한 출하 비중이 55.8%, 나머지 44.1%는 건설업계에 직거래로 공급되고 있다.

최근 중국 철강산업의 성장으로 국내에 중국산 철근을 비롯한 다양한 건설용 강재가 수입되고 있다. 그러나 원산지 구분과 품질 보증에 대한 장치가 없어 건축물의 안정성 문제가 이슈화되고 저급의 중국산 건설용 강재에 대한 우려가 나오고 있다. 국내 철강업계는 KS 규격 등을 활용해 국산 제품을 수입 제품으로부터 방어함과 동시에 철강 제품의 고기능화, 고성능화를 통해 건축 시 비용을 절감하는 방법으로 국내시장을 보호하기 위해 힘쓰는 중이다.

이종민
(포스코경영연구원 철강연구센터 수석연구원)

고려대학교 금속공학과를 졸업하고, KAIST 경영학 석사, 고려대학교 경영학 박사 학위를 받았다. 2002년부터 포스코경영연구원에 입사하여 기술경영, 철강마케팅 관련 연구를 주로 수행하고 있다. 또한 「철강금속신문」, 「스크랩워치」 등 온오프라인 매체에 철강 관련 기고문을 연재하고 있다.

Manufacturing of Steel

철강 제품의 생산 글 심영규

철강을 만드는 공정은 크게 제선·제강·압연 공정으로 나뉜다. 일관된 제철 공정을 모두 갖추고 있는 종합제철소를 일관제철소라고 한다. 포스코가 국내 최초로 일관제철소를 운영하였고, 현대제철은 2013년 충남 당진에 일관제철소 가동을 시작했다. 건축용으로 가장 많이 사용되는 형강과 철근을 만드는 현대제철소 인천공장 그리고 냉연 제품으로 표면처리강판을 만드는 동국제강 부산공장을 찾았다.

Reportage

건축물의 뼈대, 형강을 만들다
현대제철 인천공장

글 심영규

형강은 건축에서 뼈대가 되는 중요한 구조재다. 강도와 충격 흡수율이 뛰어나기 때문이다. 국내에서는 현대제철과 동국제강에서만 생산한다. 1982년 국내 최초로 H형강을 생산한 현대제철 인천공장을 찾았다.

형강은 단면의 형태가 일정하도록 열간압연의 공정으로 만든 철강 제품을 통칭한다. 일반적으로 원료가 되는 철 스크랩(scrap, 쇠부스러기나 파쇄, 고철)을 전기로에 녹여 쇳물로 만들고 주형에 넣어 연속주조기를 통과시키면서 고체로 응고한 뒤 1,000℃ 이상으로 가열하고 밀어서 사출한다.

단면의 모양에 따라 봉강, I형강, T형강, ㄱ형강, ㄷ형강 등으로 분류하는데 H의 가로봉에 해당하는 부분을 웨브web, 양쪽의 세로부분을 플랜지flange라고 한다. 플랜지는 300㎜ 이하를 주니어 크기로, 이상을 시니어 크기로 구분한다. 모양이 비슷한 I형강은 너비가 높이보다 작기 때문에 너비가 높이와 같거나 큰 것은 모두 H형강이다. 전체적으로 단면이 정사각형 모양으로 건물의 기둥으로 사용하기 쉽다. 세부 규격은 KS D 3503에, 모양과 치수는 KS D 3051에 규정되어 있다.

지난 7월 30℃가 넘는 더위에 인천시 동구 송현동에 있는 현대제철 인천공장을 방문했다. 92만㎡의 면적에 연간 470만t의 압연제품과 155만t의 철근을 생산하는 현장이다. 인천공장은 인천 북항의 부두에 면해 있어 원료가 되는 철스크랩을 바로바로 수급한다. 6만 6천㎡가 넘는 부두의 하역장엔 190t의 웅장한 크레인이 빠르게 이동하며 중국과 미국, 일본에서 수입한 원료를 옮기고 있었다.

곧이어 이동한 압연공장에서는 120t이 넘는 거대한 전기로에서 뜨거운 쇳물이

형강을 생산하는 현대제철 인천공장 전경.

흘러나와 연속주조기로 흐른다. 실내 온도는 50℃가 넘어 가만히 있어도 땀이 몽글몽글 맺혔다. 연속주조기를 통과한 반제품은 열간압연을 하는데, 준비과정으로 조압연과 세부적인 모양을 만드는 사상압연의 여러 단계를 거친다. 형강의 모양을 갖춘 제품은 수백 미터 길이로 잘린 다음 거대한 냉각장에서 열을 식히고 세밀한 교정 작업을 거쳐 제품으로 출하된다. 수백 미터에 달하는 형강 제품이 나란히 놓여 있는 냉각장의 바닥 전체가 들리고 제품이 옆으로 이동하며 시뻘겋던 철이 점점 회색의 형강으로 냉각되는 장면은 그야말로 장관이다. 이렇게 생산된 제품은 제품장에서 출하를 기다린다.

Story of Steel

형강 제조 과정

인천공장의 역사는 1953년 현대제철의 전신인 대한중공업공사의 창립 이래 1956년 국내 최초의 제강공장에서 시작한다. 1970년 인천제철과 통합하며 1982년 국내 업계 최초로 H형강을 생산했다. 현대제철 김상순 차장은 "지난 1999년도에 새로 증설된 형강공장에선 H-CORE 등 수백 종의 형강을 만들고 있다"며, "60t, 70t, 80t, 90t, 120t 등 5개의 전기로가 있다"고 말한다. 전기로만 보면 단일 공장에서 세계 최대 규모. 국내 규격(KS)뿐 아니라 일본(JIS)과 미국(ASTM), 유럽의 규격(CEN)까지 모두 대응할 수 있다. (②~⑥ 사진제공: 현대제철)

① 원료
공장은 인천 북항부두에 면해 있다. 일본, 미국, 중국 등지에서 수입한 원료인 철스크랩을 190t의 웅장한 크레인 여러 대가 전기로로 옮긴다.

② 전기로
전기로는 전기를 열원으로 하는 아크열로 원료인 철스크랩을 용해한다. 인천공장엔 60t, 70t, 80t, 90t, 120t 등 총 5개의 전기로가 있다.

③ 연속주조
전기로에서 녹인 쇳물에서 불순물을 제거하는 정련 과정을 거친 뒤 만들어진 용강을 주형(mold)에 주입하고 연속주조기를 통과하면서 냉각, 응고된다. 교정기 롤을 거쳐 연속적으로 블룸과 빌릿 같은 반제품으로 굳어져 나온다.

④ 조압연과 사상압연
연속주조기를 통과한 반제품은 열간압연을 거친다. 조압연과 사상압연의 여러 단계를 거쳐 형강의 형태가 된다. 조압연은 2개의 롤 사이를 통과시켜 원하는 형강 모양으로 만드는 것이고 사상압연은 정밀하게 제품을 다듬는 과정이다.

⑤ 냉각
형강의 모양을 갖춘 제품은 수백 미터 크기로 잘린 후 거대한 냉각장에서 냉각된다.

⑥ 출하
완제품은 출하장에서 출하를 기다린다.

냉연강판 제작 공정

현대제철은 인천공장에서 전기로 제강법으로 H형강뿐 아니라 철근 등 각종 봉형 강류를 생산한다. 반면 당진공장에서는 고로 제강법으로 열연강판, 냉연간판, 후판, 철근, 특수강 등을 생산한다. 현대제철은 국내 2위 제강업체로 2013년 당진에 일관제철소를 완성하며 판재를 생산하는 포스코와 경쟁 관계에 놓이게 됐다. 당진공장은 인천공장의 10배 가까운 882만㎡의 면적으로 이곳에서는 연간 1,530만t의 제품을 생산한다.

①~⑧ 사진제공: 현대제철

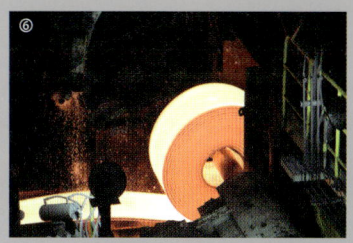

① 일관제철 공장
철강 제품을 만드는 제선, 제강, 압연의 전 과정을 거치는 일관제철 공장이다.

② 항만
당진의 항만에서 원료인 철광석, 석탄, 석회석과 같은 부원료 등을 수입해와 하역한다.

③ 원자재
최대 지름 130m, 높이 65m의 원형 저장고엔 철광석을, 최대 길이 615m의 선형엔 석탄과 부원료를 비축한다.

④ 고로
철광석에 부원료를 넣고 고온으로 가열하면 소결광이 만들어진다. 원자재인 석탄을 고온으로 가열하고 말려 코크스를 생산한다. 소결광을 코크스와 함께 고로에 넣고 가열해 용선(쇳물)을 만든다.

⑤ 토페토카
방열복을 입은 작업자들이 고로에서 흘러나온 쇳물이 통로를 따라 토페토카(쇳물을 담아 옮기는 차량)로 잘 흘러갈 수 있도록 유도한다.

⑥ 제강
용선의 불순물을 제거하고, 용광로에 산소를 넣어 탄소를 제거한다. 이렇게 성분 조정을 해서 강종에 적합한 용강을 만들어 슬래브(반제품)를 생산한다.

⑦ 후판공정
열연, 후판 등의 제품을 생산하기 위해 중간 단계의 제품인 슬래브를 압연해 다양한 규격의 후판을 생산한다.

⑧ 열연공정
슬래브를 압연에 적합한 온도로 가열한 뒤 조압연과 사상압연기를 거쳐 제품의 규격에 맞는 두께와 폭으로 압연한다.

⑨ 냉연공정
열연강판의 표면에 부착된 산화물 등을 염산 또는 황산으로 깨끗이 제거한 후, 상온에서 원하는 두께로 만드는 설비를 연속산세압연설비(PLTCM)라고 한다.

Story of Steel

Reportage

녹슬지 않는 디자인을 입히다
동국제강 주장한 이사

인터뷰 심영규

동국제강 부산공장은 냉연 제품으로 표면 처리강판을 만든다. 33만 3천㎡에 이르는 공장 부지엔 매년 160만t의 거대한 열연코일이 끊임없이 들어오고 나간다. 이 중 건축용은 70%에 달한다.

감씨(감) 공장과 전시장을 둘러보니 수백 가지 제품이 눈에 띈다.

주장한(주) 표면처리강판은 초기에는 단색 계열이나 목재, 석재 같은 자연 질감의 패턴 계열을 생산했고 최근엔 비정형도 생산한다. 현재 수백 종의 제품이 있으며 고객사가 요구하는 디자인도 제작 가능하다. 색상과 패턴이 다양하고 미세한 표면처리가 가능한 것이 특징이다. 특히 유니서스 제품이 독보적인데, 스테인리스 스틸처럼 보이지만 사실 은색과 스테인리스 스틸의 무늬를 재현한 것이다. 스테인리스 스틸은 내식성이 우수하고 용접이 쉬워 건축용으로 많이 사용되지만, 가격이 비싸고 지문이 많이 남는다. 유니서스는 이런 단점을 극복한 제품이다.

감 현재 생산 설비 8개가 있다. 이렇게 컬러강판에 주력하는 이유는?

주 예전에는 도장을 별도로 해야 하는 일반 강판을 주로 생산했으나 2002년부터 선도장 제품인 컬러강판에 주력했다. 일반 제품은 절곡하고 가공하면 균열이나 녹이 생길 가능성이 높아 가공 후 분체도장을 해야 한다. 지속해서 재도장해야 하기 때문에 비용이 많이 들고 친환경적이지 않다. 그래서 시장 변화에 따라 선도장 제품을 개발한 것이다. 2011년 럭스틸을 본격적으로 론칭했고 2016년 산업통상부에서 세계 일류 상품으로 선정됐다. 럭스틸은 대량생산 제품이 아니라 주문자 맞춤 소량생산 방식으로 개성 있는 디자인에 초점을 맞춰 수많은 패턴과 무늬를 철로 구현한다. 패턴이나 질감 표현은 이미 상당한 수준이다. 우리 회사는 강재를 생산한다기 보다 벽지나 인테리어 산업을 철강으로 대체한다는 접근 방식이다. 또한 가공성을 높여 현장 시공에 적합하게 하려고 한다.

감 일반적으로 '압연-도금-도장-절단'의 공정을 거친다. 어떤 부분에 강점이 있나?

주 표면처리강판은 도장과 도금이 가장 중요하다. 도금은 아연과 알루미늄 도금이 일반적인데 아연은 철보다 산화가 빨라 철을 보호하는 보호막을 만든다. 알루미늄은 고가여서 도금을 두껍게 하는 데 한계가 있다. 동국제강은 1982년 아연과 알루미늄을 합친 갈바륨을 국내 최초로 생산했다. 갈바륨은 내식성이 우수해 별도의 도장 없이 저렴하게 쓸 수 있는 제품이다. 독특한 스팽글 무늬가 특징인데 이는 알루미늄 결정이다. 도금은 금속이 녹은 쇳물인 용탕의 조성비가 중요하다. 합금이 잘 섞여야 하고 자칫 잘못하면 산화물이 생겨 세부 공정마다 미세한 조정이 필요하다. 때문에 검게 되거나 무늬가 생기는데 우리는 이를 제거하는 기술로 특허를 받았다.
도장 기술도 우수하다. 가전회사들이 요구하는 다양한 패턴을 지속해서 구현하는 능력도 검증됐다. 이 기술을 건축 외장재에 적용한 게 럭스틸이다.

동국제강 부산공장 전경. 매년 160만t의 거대한 열연코일이 끊임없이 들어오고 나간다.

컬러강판만 두고 본다면 우리 공장은 세계 최대, 최고 공장이다. 삼성, LG 등 국내 가전 회사뿐 아니라 월풀 Whirlpool Corporation 등 해외 가전회사에 전량 공급한다. 앞으로 복합패널, 커튼월, 알루미늄 제품 등의 비철을 철로 대체하려고 한다. 동과 알루미늄은 비싸고, 불이 났을 때 강도가 문제가 되는데 철이 대안이 될 수 있다. 그래서 철의 단점인 평활도 등을 개선하고 있다.

열연강판을 가공한 냉연강판이 코일 상태로 창고에 적치되어 있다.

열연강판은 표면 처리 과정을 거치는데, 이때 도장과 도금이 가장 중요하다. 도금의 용탕비가 품질을 좌우한다.

감 아연-알루미늄-마그네슘 3원계
고내식성 합금인 GIX, GLX를 만들었다.

주 아연-알루미늄 합금(갈바륨)에
마그네슘을 첨가해 3원계 합금을 만드는데,
기존보다 내식성을 8~10배가량 높였다.
마그네슘은 산화반응이 빨라 제어 기술이
까다롭다.
우리는 GIX(Zn 94%, Al 4%, Mg 2%)와
GLX(Zn+Mg 43.4%, Al 55%, Silicone 1.6%)를
동시에 생산할 수 있는 기술을 가지고 있다.
여기서 GI는 아연도금강판인데, 외장재로서
내식 성능이 부족하다. 성능을 개선하기
위해 마그네슘을 더 첨가한 제품이 GIX고,
알루미늄을 많이 첨가한 제품이 GLX다. 이
제품들의 우수성을 인정받아 철강 선진국인
호주에도 수출을 늘리고 있다. 호주와
뉴질랜드는 자외선이 강해 내식성이 우수한
GIX를 쓴다. 태양열 패널 제작에 사용되는
강판은 한번 시공하면 50년 이상 사용해야
하기 때문에 고내식성 도금이 필요하다.
GIX는 내수성이 우수한데다 얇게 도금이
가능해 가공성이 좋고 가볍다. 용접이
수월한 것도 장점이다.

기존 제품이 밋밋한 무늬였다면, 이제는 특수코팅인 UV코팅의 도막 두께를 조정해 촉감까지 느낄 수 있다.

감 최근 개발된 항균강판인 바이오코트나
럭스틸 아키텍처 에디션도 있다.

주 바이오코트는 항균 처리를 해 특수한
공장이나 실내에 사용된다. 화학적인 기술을
사용하는데 페인트 업체와 긴밀하게 협업
중이다. 특별한 공정이 많은데 열부착
필름 설비까지 되어 있어 UV코팅[1]이
가능하다. 앞으로 단순한 색이나 패턴뿐
아니라 다양한 가공 기술을 위해 당진
공장에 설비를 투자하고 있다. 도면만
입력하면 전자동으로 가공까지 완성하는
PSBB Punching Shearing Buffering Bending
설비를 포함해서 여러 가공 설비를 준비
중이다. 이제 시작 단계지만 향후 건축용
외장재로 더 많이 확대될 것이다. 형태나
표현이 자유로워지면 철이 쓰이는 부분이
많아질 것이다.

감 건축용 내외장재에서 철강 제품이
확대될 것으로 예상한다.

주 앞으로의 시장을 보면 외관 그리고
기능을 중시하는 두 가지 방향의 수요가
있다. 우리는 그동안 구현할 수 없었던
복잡한 무늬도 특화해 개발한다. 기존
제품이 밋밋한 목재 무늬였다면, 이제는
특수코팅인 UV코팅의 도막 두께를 조정해
촉감까지 느낄 수 있다. 표면에 UV코팅을
하면 독특한 광택이나 홀로그램 효과도
가능하다. 특히 엘리베이터나 복도 등의
내장재로 많이 쓰이는데 고급스럽고
친환경적이다. 색상과 패턴을 계속 개발하고
해외에서 교육과 협업도 한다. 과거에는
기존 제품에 대한 수요가 많았지만 점차
시장보다 앞서서 우리가 먼저 제품을
제안하는 방식으로 바뀌어가고 있다.

감 철의 단점을 극복하기 위한 노력이
한창인데, 다양한 특수강에 대한 개발을
하고 있나?

주 철강재는 발명 주기와 생애 주기가
아주 길다. 포스맥이나 GLX가 본격적으로
등장한 지 20년이나 됐는데 이제야
상용화됐다. 개발이 아니라 일종의 '발명'과
같은 개념이다(웃음). 앞으로는 사용자가
쉽게 쓸 수 있느냐가 중요하다. 철은
태생적으로 장점이 많으나 가공이 어렵다.
결국 우리가 해결해야 할 문제는 얼마나
손쉽게 사용할 수 있도록 만드느냐이다.
그래서 가공을 쉽게 하는 공정이나 기술을
개발 중이다. 그리고 친환경의 이슈가
있다. 목재나 석재는 생산 과정에서 자연을
파괴한다. 그러나 철은 재활용이 가능해서
친환경적인 재료가 될 수 있다. 앞으로 철의
사용이 더 늘어날 것이다.

용어정리

1) UV코팅 일반적인 강판용 코팅은 주로 열경화성
도료나 용제 휘발성 도료가 사용된다. UV코팅
즉, 자외선 경화 도료를 사용해 자외선을 투사해
코팅한다. 장점은 시간이 짧고, 환경오염이 적다.
3차원의 코팅 도막도 가능해 두께를 조정해 질감을
느끼게 할 수 있다. 홀로그램과 광택도 가능하다.

도금: 좋은 바탕을 만들다

원자재인 열연코일은 산세공정을 거쳐 표면의 산화피막을 제거한 뒤 상온에서 냉간압연을 한다. 냉간압연을 마친 코일은 표면의 압연유와 부착물을 제거한 후 적당한 온도로 가열하여 형상과 재질을 개선한다. 이후 청정작업을 거쳐 냉연강판으로 완성한다. 냉연강판에는 도금을 입히는데, 도금은 금속이 녹은 쇳물인 용탕의 조성비가 중요하다. 합금이 잘 섞여야 하고 산화물이 없어야 한다.

① 원자재
10만 평에 이르는 동국제강 부산공장의 항구엔 매년 160만t의 거대한 열연코일이 끊임없이 들어오고 나간다.

② 산세공정
산세공정은 대부분 염산을 사용하여 열연공정에서 원자재에 생긴 산화피막을 제거한다.

③ 냉간압연
원하는 두께로 만들기 위해 상온에서 냉간압연을 한다. 동국제강은 일괄로 진행되는 연속산세압연설비를 사용한다.

④ 청정
냉간압연된 제품은 전기 청정라인에서 다시 한 번 표면에 붙은 각종 오일이나 쇳분, 먼지 등을 뜨거운 알칼리 용액에 통과시켜 제거한다.

⑤ 열처리
열연코일을 냉간압연하게 되면 재질이 딱딱하게 되어 가공성이 떨어진다. 이를 연하게 하기 위해 600~850℃로 급속가열 후 급속냉각한다.

⑥ 도금
냉연강판을 아연, 마그네슘, 알루미늄이 녹아 있는 용탕에 통과시켜 도금을 한다. 도금 부착량은 공기나 가스로 조절한다.

도장: 아름다운 색을 입히다

도금한 냉연강판은 압연공정을 통해 형상과 재질을 개선하고 열처리와 후처리 한 뒤 선도장하여 럭스틸을 생산한다. 초기에는 단색 계열이나 목재, 석재 같은 자연 질감의 제품을 많이 생산했으나 최근엔 비정형 무늬까지 생산하는 등 수백 종의 제품이 있다. 색상과 무늬뿐 아니라 미세한 표면처리까지 가능하다.

① 냉연강판
컬러강판은 도장과 도금이 중요하다. 아연과 알루미늄 도장이 일반적인데, 아연은 철보다 산화가 빨라 철을 보호하는 보호막을 만든다.

② 도장
냉연코일에 특수한 색과 무늬로 색을 입힌다. 동국제강은 건축 외장재뿐 아니라 가전사에도 제품을 공급한다. 사진은 유니서스 제품으로 스테인리스 스틸처럼 보이는 컬러강판이다.

③ 절단
코일 상태로 감거나 절단하여 시트 형태로 만든다. 제품의 결함이나, 용도의 적합 여부를 판단하는 과정을 거친다.

④ 검사
도장 상태나 표면의 불순물, 스크래치 등 제품에 이상이 없는지 확인한다.

⑤ 출하
품질 확인이 끝난 럭스틸은 박스에 포장되어 출하를 기다린다.

⑥ 건축용 외장재
단순한 패턴과 색뿐 아니라 다양한 가공 기술을 사용해 도면만 입력하면 전자동으로 가공까지 완성하는 설비를 갖추어 향후 건축용 외장재로의 쓰임이 더욱 기대된다.

2 Architecture of Steel

Works of Steel

철 건축의 현재 글 심영규

철의 속성은 종이와 유사하다. 편하게 접었다 펼 수 있고 가공이 정확해 원하는 형태로 만들기 쉽다. 최근 소프트웨어나 프로그램이 발달하면서 다양한 형태로 디자인이 가능해져 디자이너가 원하는 대로 구현이 가능하게 됐다. 건축 내부에 숨어 있는 구조재뿐 아니라 다양한 형태의 외장재나 새로운 구조재로의 활용 가능성이 주목받는 이유다.

Interview 1

철의 매력을
끊임없이 탐구하다

인터뷰 심영규

건축에서 사용하는 철재는 주로 구조재나 외장재로 제한되어 있다. 그러나 건축가 조병수는 철에 대해 오랜 시간 고민하며 끊임없는 실험을 이어왔다. 철재를 기둥으로 사용하는가 하면 인장력이 강한 장점을 이용해 와이어로 대형 공간을 구현하기도 한다. 최근엔 익스팬디드 메탈이라고도 불리는 확장금속망을 전체 외장재로 사용해 현대자동차 천안 글로벌 러닝센터를 설계했다. 조병수건축연구소에서 조병수를 만나 그에게 영감을 주는 철에 대해 이야기를 나눴다.

조병수
조병수건축연구소 대표

1994년에 조병수건축연구소를 개소한 이후 '경험과 인식', '존재하는 것, 존재했던 것', 'ㅡ자 집과 ㄱ자 집', '현대적 버나큘라', '유기성과 추상성' 등을 주제로 건축 활동을 이어왔다. 하버드대학교, 콜럼비아대학교, 독일 카이저슬라우테른 대학교와 연세대학교, 몬태나대학교, 하와이대학교 등 여러 대학에서 설계와 이론을 가르친 바 있다. 대표작으로 파주 어유지 동산, 수곡리 ㅁ자 집, 땅집 등이 있으며 근작으로는 퀸마마마켓, 현대자동차 글로벌 러닝센터, 박태준 기념관, 거제도 지평집 등이 있다. 다수의 한국건축가협회상, 김수근 문화상, 다수의 미국건축가협회상, AR House awards (Highly commended) 등을 수상하였다.

박태준 기념관은 기존 건물의 벽돌을 내부에 남기고 외부에는 철을 반복해서 표현하는 이중 레이어의 디테일을 구현했다.

기존 건물 주변의 새로운 건물은 철 대신 알루미늄을 사출해 입면을 만들었다.

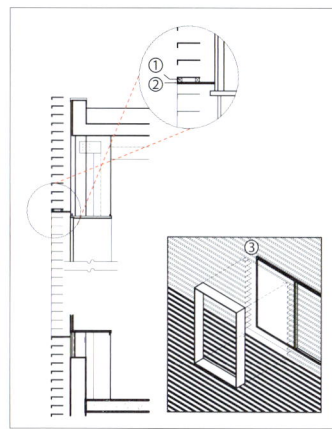

박태준 기념관 이중 레이어 단면 디테일
① THK 10mm 코르텐강 윈도우 프레임
② ㅁ 30x30mm 스틸파이프
③ 용접

감씨(감) 건축재료로서 철이 가진 매력은 무엇인가?
조병수(조) 철은 구조적으로 인장력에 강하다. 1.5cm 굵기의 얇은 와이어가 20t의 인장을 견딘다. 반면 압축력과 내연성이 약해 건축에서는 아직 많이 적용되지는 않고, 고층이나 하중을 많이 받지 않는 부분에 종종 사용한다. 우리 작업 중에 특히 와이어를 이용한 작업이 많은데, 이는 대부분 인장력이 강한 철의 장점을 극대화한 것이다.

감 구체적으로 어떤 프로젝트에 어떻게 적용했나?
조 압축력 대신 인장력이 강하기 때문에 매달아서 쓰는 구조에 유리하다. 평창동 4박스 하우스(2008)는 2층 실내 바닥 슬래브와 1층 전체를 천장에서 와이어로 매달아 시공했다. 또한 광화문에 있는 트윈트리 타워(2010)의 파사드 커튼월은 곡면이 있는 17개 층의 프레임이 각기 다른 형태인데 레이저 커팅으로 철강을 가늘게 제작했다.
반면, 철을 기둥으로 사용한 경우도 있다. 아름솔 유치원(2008)과 헤이리에 위치한 세상자집(2004)의 상부는 콘크리트지만 하부는 철제 기둥을 사용했다. 일반 기둥보다 가늘게 디자인할 수 있는 것이 특징이다. 콘크리트 기둥의 경우 배근과 구조적 문제 때문에 적어도 300㎜ 이상의 지름을 가진 기둥을 사용해야 한다면 철재는 폭 170㎜의 기성품으로 한 층 정도의 무게를 견딜 수 있다.

감 부산의 키스와이어 오피스와 센터, F1963에서 철재를 본격적으로 사용했다.
조 부산에 있는 고려제강 본사, 키스와이어 오피스는 바닥 슬래브용 포스트텐션 와이어 6만 3,270m(D12.7)와 1만 1,277m(D15.2)를 사용해 보를 줄이고 기둥 간격을 넓혀 사무실과 주차장을 대공간으로 만들었다. 본사 1층 로비엔 상부로 뚫린 대공간이 있는데 3층 슬래브부터 1층까지 2개 층을 336m(D30)의 와이어로 지지한다. 연수동 3층과 사무실을 연결하는 23m의 다리도 기둥 하나 없이 80m(D35.5)의 와이어로만 지탱한다.
키스와이어 센터는 뮤지엄과 연수원으로 구성되어 있는데 총 1,919m의 와이어로 벽과 하중을 지지한다. 지붕의 무게를 바닥으로 전달하기 위해 벽 외곽 상단에서 바닥 고정앵커까지 와이어가 당기는 구조로 지붕 836t의 무게를 지지한다. 특히 뮤지엄 내부 브리지 구조물은 25m 길이인데 기둥 없이 순수하게 와이어로만 당겨서 만들었다.

감 철의 물리적인 특성을 이용한 프로젝트뿐 아니라 순수한 느낌을 활용한 프로젝트도 있다. 많은 건축가에게 영감을 줄 수 있는 철재로 만든 작품이나 작업은?
조 신사동 퀸마마마켓(2015)은 천장에 합판으로 된 상자를 철제 파이프로 매달고 계단 난간을 철판으로 이어 붙였다. 가공하지 않은 철판을 그대로 부착하는 방식으로 시공하여 순수하고 소박한 느낌을 냈다.

알루미늄 루버 사출 샘플.

Architecture of Steel

키스와이어 센터는 뮤지엄과 연수원으로 구성되어 있는데 총 1,919m의 와이어로 벽과 하중을 지지한다.

퀸마마마켓은 천장에 합판으로 된 상자를 철제 파이프로 매달고 계단 난간을 철판으로 이어 붙여
순수하고 소박하면서 원초적인 느낌이 들게 했다.

갑 건축재료로서 철은 일반적으로 구조재와 외장재로 쓰인다. 구조재로서의 철은 아직까지는 철근콘트리트^{RC}나 철골조 외에 별다른 가능성이 없어 보인다. 전망은 어떠한가?

조 인장력을 이용하여 많이 쓰이게 될 것이다. 이를 위해 구조 계산을 면밀하게 하고 이음새를 정확하게 처리해야 한다. 철골조는 외부에 처지는 게 보여 수리할 시간이 있다. 반면, 인장력을 거는 부분은 한쪽이 무너지면 전체가 순간적으로 무너진다. 미국 워싱턴 타코마 다리처럼 연결부위가 끊어질 수도 있다. 프리캐스트 콘크리트^{PC}도 정교하게 사용해야 한다. 일본은 지진이 많아서 각 부재를 퍼즐처럼 끼워 맞춘 뒤 그 사이를 와이어로 당기는 구조를 많이 쓴다. 단순한 PC가 아니라 와이어를 활용한 하이브리드 시스템인데, 사전 조립하고 와이어로 당기면 빠른 시간 안에 만들 수 있는 장점이 있다.

갑 과거 철강은 건축에서 단독으로 쓰이지 않았다. 외장재로서 철의 도전은?

조 성북동 스튜디오 주택을 직업힐 때 처음 3㎜ 두께의 내후성강을 외장재로 사용했다. 파주 카메라타 뮤직 스튜디오(2003)에도 와이어와 외장 일부에 사용했다. 최근 부산에 작업한 박태준 기념관(2017)은 기존의 벽돌을 내부에 남기고 외부에는 철을 반복해서 표현하는 이중 레이어의 디테일을 만들었다. 본 건물의 벽돌을 남겼듯 철 역시 세월이 흐른 느낌이 묻어나는 내후성강을 활용했다. 주변엔 기존의 건물을 그대로 덮지 않고 철의 투명성을 살리기 위해 철은 아니지만 알루미늄을 사출해서 만들었다. 일일이 테스트를 해서 원형으로 디자인하고 이음새를 연결했다.

갑 앞으로 개발되어야 할 철강 기술은?

조 공간에서 기둥이 없어지거나 얇아지게하는 구조재로의 활용이 많아질 것이다. 파이프보다 고강도 원형 강관을 쓰면 좀 더 가늘게 만들 수 있다. 현재 이런 제품들이 많이 개발되지 않았지만 최근 컴퓨터 기술이나 BIM, 디자인 툴이 발달되면서 철을 사용할 가능성은 더 다양해졌다. 앞서 언급한 트윈트리 타워의 경우 입체 모델링을 하면서 25m 길이의 보 없는 구조를 만들었다.

갑 앞으로 다양한 작업에 더 많은 철재를 사용할 듯하다.

조 최근 연희동에 박서보 작가의 주택과 전시시설을 작업했다. 외장재로 타공금속망을 사용했다. 평판으로 하면 힘을 많이 받지 않기 때문에 접어서 시공해 구조적으로 힘을 더 많이 받을 수 있도록 했다. 특히 최근 완공한 현대자동차 천안 글로벌 러닝센터의 경우 확장금속망$^{Expanded\ metal}$을 외장재로 사용했는데 레이저커팅으로 벌어지는 틈새를 조정해 개구율을 조절하고 채광량과 투시효과를 높이거나 낮출 수 있다. 앞으로 철재의 물성이 다른 부분과 만날 때 디테일을 어떻게 풀 것인가가 고민이다.
철은 컴퓨터의 활용과 더불어 빠른 속도로 상용화될 것이며, 우리도 이러한 가능성에 많은 관심이 있다. 하지만 너무 많은 기술과 기계의 사용은 우리의 철학과 맞지 않는 부분도 있다. 좀 더 간결하고 소박한 모습으로 사용자에게 편안함을 줄 수 있는 건축적 적용은 무엇일지가 앞으로 계속 고민하고 시도해야할 부분이다.

Architecture of Steel

박태준 기념관

설계	조병수
위치	부산광역시 기장군 장안읍 임랑리 154-2번지 일원
대지면적	4,067㎡
연면적	952.31㎡
규모	지상 2층, 지하 1층
구조	철근콘크리트
마감	5㎜ 알루미늄 압출패널 코르텐스틸루버
완공	2017년 5월
사진	세르지오 피로네

키스와이어 오피스 Busan Kiswire Office

설계	조병수
위치	부산광역시 수영구 망미동
대지면적	12,610㎡
연면적	13,049.82㎡
규모	지상 4층, 지하 3층
구조	포스트텐션, 철근콘크리트
마감	알루미늄 패널 와이어로프 위 녹화
완공	2016년 3월
사진	세르지오 피로네

4박스 하우스 Four Box House

설계	조병수
위치	서울시 종로구 평창동
대지면적	446㎡
연면적	475.42㎡
규모	지상 2층, 지하 1층
구조	포스트텐션, 철근콘크리트 Hanging Wire 타입
마감	재활용티크목 송판노출콘크리트
완공	2008년 10월
사진	황우섭

사용한 철재

박태준 기념관
① 알루미늄 압출패널
규격   5㎜
② 코르텐스틸루버
규격   2.3㎜ 블록쌓기

키스와이어 오피스 Busan Kiswire Office
나선형 케이블(구조재)
규격   Φ35.5

4박스 하우스 Four Box House
프리캐스트 콘크리트 와이어(브리지구조)
규격   12.7㎜
사양   2t/m

조병수건축연구소에는 철과 관련된 다양한 목업과 샘플이 있다. 인장재로서 철을 시험한 샘플(위)과
연희동 박서보 작가의 주택과 전시 시설 작업(2018)의 외장재를 위한 다양한 형태의 타공금속망(아래)을 볼 수 있다.

최근 완공한 현대자동차 천안 글로벌 러닝센터(2018)의 외장재로 사용하기 위해 만든 샘플이다.
레이저커팅으로 틈새의 벌어짐 정도를 다르게 해서 특정 글자나 무늬가 보이게 할 수 있다.

Interview 2
날카로움과 정확함으로 틈을 내다

인터뷰 심영규

국형걸은 철강재를 디지털 패브리케이션으로 다양하게 실험해왔다. 기존 솔라파인(2016)을 더 경량화하고 양산 가능하게 만든 솔라파인 ver 2.0(2018)과 골형 타공철판을 이용한 도봉구청사 증축 프로젝트(2018)가 그것이다. 그리고 포스코와 함께 스마트태양광모듈을 개발하고 이를 건축에 적용한 포항공과대학교 프로젝트(2018)까지, 철의 날카로움과 정확함으로 건축의 경계에 틈을 내고 있다.

국형걸
HG-Architecture 대표

연세대학교 건축공학과와 컬럼비아 건축대학원을 졸업하였고 미국건축사(AIA)이다. 현재 이화여자대학교 건축학과 부교수이다. 2012년 건축디자인연구소 HG-Architecture를 설립하였고, 다양한 스케일의 실험적 건축 디자인 작업을 해왔다. 대표작으로는 양평 병산리펜션과 포스코 친환경조형물 솔라파인, 파트투홀(Part to Whole)이 있으며, 다수의 공모전에 당선 혹은 입선하였다. 현재 서울시 공공건축가로 활동하고 있으며, 2017년 문화체육관광부가 주관하는 '젊은건축가상'을 수상하였다.

철은 세밀한 가공이 가능해 원하는 대로 제작할 수 있고 기술의 발전과 함께 시도의 범위도 넓어지고 있다.

스마트태양광모듈은 철의 물성에 조명과 태양광 패널 기술을 접목한 것으로 돌리는 방향에 따라 세 가지 패턴이 나오고 이를 무작위로 시공할 수 있다.

감씨(감) 철이 가진 장점과 단점 그리고 건축재료로서의 매력은?

국형걸(국) 철은 종이의 속성과 유사하다. 즉 종이로 만들 수 있는 형태는 모두 철로 만들 수 있다. 기본적으로 면재와 판재의 속성을 동시에 갖고 있기 때문이다. 또한 가공성이 가장 정확한 건축재료로, 원하는 대로 제작이 가능하다. 끝으로 첨단기술과 맞닿아 있어 과거에는 구현이 되지 않던 것도 새롭게 시도할 수 있다. 최신 소프트웨어로 프로그래밍이 필요한 디테일을 디자인하고 자동화 기계나 제작 기술로 모든 것을 정확하게 만들 수 있다. 대개 다른 재료는 시공업자나 제작자의 손을 많이 타 만드는 사람에 따라 결과가 달라지지만 철강 재료는 건축가의 의도가 최종 결과물에 가장 잘 반영되어 진보적인 기술을 적용할 수 있다.

감 도봉구청사 4층 증축공사(2018) 프로젝트의 경우 내외부 재료로 골형의 타공철판을 사용했다.

국 현상실계 당선작으로 최근 완공했다. 외부 공간이었던 4층을 복층 구조로 바꾸면서 실내로 만들고 바깥의 루버는 철재를 이용해 커튼 느낌으로 디자인했다. 구조적 안정성과 내외부의 분위기를 위해 골 형태로 된 타공판을 찾았지만 국내에선 기성품이 없어 주문 제작했다. 내부는 원래 목재 스크린이었는데 발주처에서 외부와 같은 반투명한 골강판을 제안해 받아들였다. 골형 타공철판은 원래 방배동 주민센터 리모델링인 '찾아가는 동주민센터' 프로젝트에서 먼저 시작했고 이번에 접합부의 디테일을 개선해 새로 제작했다.

감 공공 프로젝트였기에 주문 제작하려면 많은 어려움이 있었을 것이다.

국 이 작업은 하이테크를 활용하지는 않았지만, 철강 건축은 산업과 기술이 받쳐줘야 한다는 것을 다시 확인했다. 장인정신만으론 안 된다(웃음). 기술이나 산업의 발전 없이 작업하다 보면 기성품을 쓰거나 디자인된 제품이 아닌 일반적인 소재를 쓸 수밖에 없다. 타공의 크기도 더 작게 하고 싶었지만 보유한 것에 한계가 있었다. 높이가 6m가량 되는 외부 루버도 한번에 절곡이 안 돼 3번으로 끊어 시공했다.

감 최근 포스코와 스마트태양광모듈(2018)을 개발했다.

국 모듈은 장소와 기능에 따라 적응이 자유로운 첨단 건축이다. 이를 구현하기 위해 상황에 따라 가변적인 유니버설 형태가 필요한데 철이 적합한 소재다. 스마트태양광모듈은 철의 물성에 스마트 디지털 기술을 접목한 것이 특징이다. 다양한 모듈을 개발하고 가장 적합한 크기와 디자인을 결정했다. 직접 철재로 목업을 만들기 전에 다양한 연구와 개발을 했다. 크기는 900×900㎜로 국내외의 다양한 패널을 조사해 조명과 태양광 패널을 넣었다. 세부적인 접합 방식까지 연구했다. 마침 지난해 말 포항공과대학교 프로젝트를 진행하면서 스마트태양광모듈을 적용하자는 제안을 받았다. 초기에는 마름모꼴로 진행했다가 경제적인 이유로 정사각형 모듈로 변경했다. 하나의 모듈도 회전 방향에 따라 세 가지 패턴이 나오고 이를 무작위로 시공할 수 있다. 곧 제주도의 한 타운하우스에 설치할 예정이며 이는 스마트태양광모듈의 본격적인 적용 사례가 될 것이다.

도봉구청사 건물 외부의 루바는 철제 타공골강판을 이용해 커튼 느낌으로 디자인했다.

내부에도 타공골강판을 사용했다. 방배동 주민센터 리모델링에서 먼저 시작했고
이번에 접합부의 디테일을 개선해 새로 제작했다.

갑 지난해에 이어 기존의 제품을 개량한 솔라파인 ver 2.0(2018)도 제작을 완료했다.

국 기존 솔라파인은 로우테크에서 시작해 모듈러 시스템의 방향을 찾아가는 과정이었고 솔라파인 ver 2.0에서 좀 더 하이테크로 발전시켰다. 서울에너지드림센터 앞에 설치됐는데 기본적인 철재 디테일이 훨씬 개선됐다. 우선 상품화를 위해 7t 정도에서 5분의 1 수준으로 줄여 경량화했다. 외경의 크기도 8m에서 5.5m 정도로 줄였다. 태양광모듈도 플렉서블에서 효율을 최대화하는 일반 모듈로 바꿨다. 크기는 30% 이상 작아졌지만 발전량은 1.2kw/h로 동일하다.

구조적으로 바뀐 부분도 있다. 기둥을 125Ø에서 100Ø 이내로 줄였다. 배선 라인도 한 겹으로 바꾸고 절곡해서 안쪽으로 숨겼다. 결과적으로 두께는 5.4㎜에서 2㎜ 정도로 줄였다. 재료도 분체도장 강재에서 스테인리스 스틸로 바꿨다. 또한 벤치에는 온열열선시트, 핸드폰 충전기, 스피커, 통합 대기질 데이터 조명, 무선인터넷, CCTV 등이 모두 함께 들어간다.

갑 일반적인 건축뿐 아니라 디지털 제작과 디자인에 관심이 많은 듯하다.

국 건축뿐 아니라 다양한 일을 한다. 파고라 형태의 조형물이나 쉼터, 벤치, 가로등, 모듈 파사드, 환경시설 등 종류도 다양하다. 이런 일은 전통적인 의미의 건축은 아니지만 경계를 확장하고 업역을 넓히는 일인데 이는 모두 철재이기에 가능하다. 가공과 시공까지 건축가가 직접 관여할 수 있기 때문에 공장형 생산에 기반해 다양한 조형물을 디자인하고 만들 수 있다.

예를 들어 도봉구청사에 쓰인 내외장재는 기성 제품이 아니라 직접 디자인해서 만든 것이다. 건축가에게는 새로운 영역이자 역할의 확장이다. 단지 공간만 만들고 설계하는 것을 넘어서 제품을 만들 수 있고, 자신이 하는 디자인의 상품가치를 높여 다양한 아이템을 활용할 수 있다. 그걸 가장 잘할 수 있게 해주는 것이 철재다.

갑 기성품인 벽돌이나 타일, 페인트와 달리 철강을 활용하면 도시가 개성 있게 될 것이다.

국 건축가 알바 알토Alva Alto나 르 코르뷔지에Le Corbusier 등 근현대 시기의 건축가는 모두 토털 디자인을 추구했다. 공간뿐 아니라 가구부터 손잡이 하나까지 디자인했다. 그러나 현대에 와서 건축가의 영역이 줄고 모두 분리되어서 파편적으로 일한다. 철재는 직접 제작이 가능하고 디자인 여지가 많다. 기술 개발, 하드웨어와 소프트웨어의 발전에 따라 새로운 가능성이 열리는 것이다. 건축가로서 프로그램과 공간을 기획하는 것도 중요하지만 그만큼 그에 필요한 재료나 구축 방법의 연구를 통해 손에 잡히는 것을 만드는 것도 중요하다. 앞으로 많은 것들이 시도되고 바뀔 것이며 그 중심에는 철강이 있다.

Architecture of Steel

스마트태양광모듈

설계	국형걸
위치	포항공과대학교, 제주도
구조	철재
마감	블랙 스테인리스 스틸
완공	2018년 10월
CG	국형걸

솔라파인 ver 2.0
태양광구조물

설계	국형걸
위치	인천 청라 포스코에너지 그린파크
바닥면적	30㎡
구조	철재
마감	스테인리스 스틸, 스테인리스 파이프
완공	2018년 9월

도봉구청사 4층 증축공사

설계	국형걸
위치	서울시 도봉구 마들로 656 도봉구청
대지면적	1만 4,118.5㎡
연면적	920㎡
규모	지상 4층(4.5층)
구조	철골조
마감	타공골강판
완공	2018년 8월
사진	신경섭

사용한 철재

스마트태양광모듈
제조사(유통사) 포스코

솔라파인 ver 2.0
스테인리스 스틸
제조사(유통사) 포스코

도봉구청사 4층 증축공사
타공골강판
제작사 조영산업

Interview 3
순수한 철을 있는 그대로 드러내다

인터뷰 심영규

원오원 아키텍츠(이하 원오원)는 디테일을 잘 사용하는 것으로 알려졌다. 원오원은 프라이빗한 주택이나 공개하기 어려운 기업의 일을 많이 한다. 그러나 몇몇 작업은 그리 어렵지 않게 접할 수 있다. 현대카드 디자인 라이브러리나 학고재 갤러리 등은 원오원의 작업 스타일을 엿볼 수 있는 곳이다. 더운 여름날 원오원 사무실을 찾았다. 공간적으로 형상적으로 피상적으로 이해가 가지 않던 것들이 무거운 철제 필통을 들고 나서야 이해가 갔다.

최진석
원오원 아키텍츠 프로젝트 디렉터

홍익대학교 건축학과를 졸업하고 한국예술종합학교 미술원 건축학과 예술전문사를 받았다. 제8회 TSK fellowship award를 수상하였다. 현재 한국예술종합학교에서 강의를 하고 있으며 원오원 아키텍츠ONE O ONE architects의 프로젝트 디렉터로 작업 중이다.

부암동 주택(2017)은 서재, 테이블, 책꽂이, 선반, 오디오장에서부터 계단, 난간, 천장까지 철재로 작업했다.

현대카드 디자인 라이브러리(2013)는 책장을 철재로 제작해 책이 도드라지게 했다.

감씨(감) 원오원은 철재를 적극적으로 활용한다. 철의 매력은?

최진석(최) 가장 큰 매력은 구조 재료라는 것이다. 건물의 내외부에 따라 구체적인 처리 방법은 다르지만, 철은 구조재이면서 동시에 마감재가 되기 때문에 효율적이다. 그리고 건식 재료 중 가장 길게 만들 수 있다.

철재는 독특한 색감과 느낌으로 존재감이 강하지만, 얇고 가벼워 오히려 그 자체의 존재감을 숨기기도 좋다. 사용하면서 부식되고 변해 시간의 흔적을 고스란히 드러내는 느낌도 인상적이다. 철은 설계만으로 끝나지 않고 제작자들과 소통을 통해 완성된다. 현장에서 협업하면서 우리가 몰랐던 시공 방법과 디테일을 적용하기도 한다. 예전에는 비용이나 시간 때문에 고품질의 마감을 하기가 어려웠지만 대흥금속과 오랜 시간 작업해 오면서 노하우를 쌓았다.

철에 대한 편견도 있다. 일반적으로 철재를 면이라 생각하지만 만져보지 않아도 두께를 느낄 수 있다. 실제 3㎜와 11㎜의 두께는 차이가 크다. 3㎜ 두께의 얇은 판재는 각 파이프 등으로 보강해도 휘는 게 눈에 보인다. 그래서 합리적인 예산 내에서 가능한 한 두껍게 쓰려고 노력한다.

감 원오원의 작업은 철의 디테일이 눈에 띈다.

최 많은 사람들이 원오원의 디테일에만 주목한다. 그러나 우리가 디테일에 많은 주의를 기울이는 이유는 공간을 잘 보여주기 위해서다. 전체의 일부분으로 보고 디자인을 결정한다. 우리가 철재를 사용하며 고집하는 몇 가지가 있다. 원재료의 느낌을 살리는 것, 자체로 구조가 되는 것, 철을 합리적으로 결합하는 방법이다.

감 다양한 작업에 철재를 사용했다. 사용처마다 다른 특성이 있나?

최 존재감을 드러내는 것과 그렇지 않은 것에 대해 고민한다. 일례로 현대카드 디자인 라이브러리는 책장을 철재로 제작해 책이 도드라지게 했다. 철을 사용하면 얇게 만들 수 있고 빛이 반사되기 때문에 눈에 띄지 않는다.

영등포 현대카드 사옥 로비에도 사용했다. 기본적으로 원오원은 내외부에 백색을 많이 사용한다. 공간을 잘 보여줄 수 있기 때문이다. 철은 물성과 색이 강하기 때문에 존재감이 큰 재료다. 1층이 유리벽이라 주변의 콘텍스트가 많이 보이는데, 거친 철재를 사용해서 주변과 조화되게 했다. 마치 바둑판에 돌을 놓듯 콘텍스트에 반응하여 사용한다.

감 원오원 사무실 4층 바닥에도 철을 사용했다.

최 원래 바닥에는 화강암이 깔려 있었는데 철재를 이용해 높이를 맞췄다. 기존의 화강암은 재료가 잘게 쪼개져 있어 패턴이 눈에 띈다. 그래서 공간보다 재료가 보인다. 하지만 바닥을 하나의 면으로 보이도록 시공하면 공간이 도드라진다. 유리나 목재도 마찬가지다. 유리를 크게 사용하면 투명성이 극대화된다. 그래서 재료의 크기를 최대한으로 사용하려고 한다. 철은 그 점에서 앞서는 재료다.

철을 사용한다고 하면 관리에 대한 걱정이 많은데, 기름걸레로 닦아주기만 하면 돼 간편하다. 실내에 철을 쓸 때는 모두 원재료로 사용한다.

팔판동 주택(2003)

현대카드 영등포 사옥(2013)의 경우 1층이 유리라 주변의 콘텍스트가 많이 보이는데, 거친 철재를 사용해 주변과 조화되게 했다.

회의실에 있는 테이블은 철로 앵글을 만들고 콘크리트를 부어서 굳혔다(왼쪽). 또한 바닥에도 철재를 깔아 공간을 구분했다(오른쪽).

갑 그 외에도 사무실 곳곳에 사용한 방식과 재료가 다르다.
최 5층 회의실에 있는 테이블은 철 구조재로 앵글을 만들고 콘크리트를 부어서 굳혀 철을 '재료를 담는 그릇'으로 썼다.
3층엔 철을 구조재로 사용하고 유리를 올려 테이블을 만들었다. 2층은 천장에 구로철판을 사용했다. 다른 층의 천장은 모두 도장인데, 여긴 아니다. 도장은 경계가 잘 드러나지만 철은 윤곽이 확실하게 보이지 않아 천장을 구분한 게 인식이 잘 안 된다. 1층 모형실은 30㎜짜리 각봉을 써서 가구를 만들었다.

갑 철이 콘크리트, 석재 등 다른 재료와 만날 때의 조화는 어떠한가?
최 철은 모든 재료와 잘 어울린다. 유리와 석재, 철은 모두 돌에서 나온 것이다. 돌을 잘 갈면 유리 같은 광택이 나고, 철도 잘 갈아내면 유리와 같다.

갑 서로 다른 재료가 만나는 부분에는 대개 재료 분리대를 사용한다.
최 재료 분리대를 사용하면 각각의 재료가 너무 부각된다. 과거엔 재료가 만나는 부분에 음각 몰딩을 많이 했는데 요즘엔 직각으로 만나는 디테일을 추구한다. 이렇게 디자인하면 시공에 정성이 들어가게 된다. 재료 분리대를 두면 서로 다른 재료를 시공하는 작업자들이 서로 만날 필요가 없지만, 이를 빼면 두 팀이 함께 작업해야 한다. 현장에서 협업이 필요하지만 공간을 정리하기 위해서 재료 분리대를 없애려 노력한다.

갑 주로 사용하는 철의 종류와 구체적인 방법은?
최 가장 크게 고려하는 점은 실내와 실외 같은 사용 부위다. 외부에 사용할 때 두 가지를 조심해야 한다. 하나는 녹이고, 다른 하나는 수축팽창이다. 한국은 겨울에 영하 20℃에 습도 0%, 한여름엔 40℃에 습도 100%다. 최악의 상황이다. 철은 외장재 중에 열팽창률이 가장 크기 때문에 무조건 사이에 틈을 두거나 단차를 둬야 한다. 일본의 경우 난간이 길면 신축 줄눈을 두고 정확하게 끊어서 파이프 안으로 넣어준다. 반면 한국은 코킹이 대부분이다. 이런 문제 때문에 주로 직각으로 만나는 디테일로 사용한다.
또한 외부에 사용할 때에는 스테인리스 스틸을 제외하고는 모두 도장한다. 관리가 어렵지만 소부도장을 하기보다는 현장에서 도장한다. 소부도장을 하게 되면 철이 매끈해져서 질감이 사라진다. 그래서 현장에서 붓이나 롤러로 도장해 철 자체의 질감을 살린다. 외부에 도장으로 금속색을 표현하는 경우에는 원재료의 색이 아니라 일반적으로 무광택의 단색을 쓴다. 기능적으로 물을 끊거나 부득이하게 코너에 재료분리를 해야 할 경우, 철재를 절곡해야 할 때에는 아연도금강판을 쓰고 도장을 한다.
내부에 쓸 때는 열연강판을 많이 사용하는데, 그 이유는 재료가 가진 고유한 성질이 드러나고 철의 단점인 부식에 있어 외부보다 자유롭기 때문이다.

갑 주택에 철을 사용하기도 한다.
최 주택에서 철을 사용할 때는 조금 더 조심한다. 사람의 몸이 닿는 부분은 철과 목재를 비롯한 다른 재료가 만나는 디테일을 더 세심하게 고려한다. 물론 아연도금강판을 도장용 바탕면으로 실내에 쓰기도 한다. 스테인리스 스틸은

실내에 철을 사용할 때는 조금 더 조심한다. 사람의 몸이 닿는 부분은 철과 목재를 비롯한 다른 재료가 만나는 디테일을 고려한다.
(위쪽부터) 성북동 주택 선반과 가회동 주택의 창호 그리고 리셉션 데스크2.

접어서 쓰는 경우와 깎아서 쓰는 경우가 있다. 예산이 허락하면 통으로 쓰려 한다.
통으로 쓰면 면이 다르게 보인다. 만져보지 않아도 관인지 아닌지 알 수 있다.
손잡이처럼 손이 자주 닿는 부분은 목재나 스테인리스 스틸을 쓴다.

감 원오원은 열연강판 후판을 많이 써서 두께감이 남다르다.
최 철은 기본적으로 인장력이 우수한 재료이므로 압축력을 받는 부위에는
파이프나 두꺼운 후판을 사용한다. 우리는 구조와 마감이 동시에 되길 원하므로
후판을 더 선호한다. 파이프와 달리 후판은 두꺼운 단면이 드러나므로 두께나
가공 방법에 대한 고민을 많이 한다. 레이저, 밀링, 샤링 등 절삭 방법과 절삭 후에
광택을 내는 정도, 두께에 따라 단면의 느낌이 달라진다. 열연강판도 자세히 보면
두께에 따라 무늬가 다르다. 두께에 따라 열이 식는 속도가 달라지는데 이것이
무늬로 나타나기 때문이다.

감 일부 작업에서 내후성 강판도 사용했다.
최 지금은 잘 쓰지 않는다. 내후성 강판은 원래 녹이 진행되지 않게 사용하는
구조재다. 녹이 흘러내려 오염시키지 않게 하려고 특수도료를 사용한다.
'페로코트'라는 애경산업 제품인데 녹과 코팅이 반응해서 코팅이 떨어지지
않게 한다. 그리고 철의 질감이 살아있다. 내후성강을 원재료로 쓰려면 녹물이
떨어지는 부분의 디테일을 잘 만들어야 한다. 건물은 오래 사용해야 하기에
오염이 되면 안 된다. 신중하게 사용해야 한다.

감 최근에 주목하는 철재가 있나?
최 외장재로 인산염피막을 처리한 철재를 주목하고 있다. 흔히 길에서 보는 철제
전봇대가 대표적이다. 철에 피막처리를 하여 외부에 써도 녹슬지 않고 도장과
달리 금속의 느낌이 있다. 그러나 두 가지를 고려해야 한다. 하나는 침전식으로
피막을 처리하다 보니 재료의 크기에 한계가 있는 점, 다른 하나는 현장 가공이 안
되기 때문에 조립해야 한다는 점이다.

부암동 주택

설계	원오원 아키텍츠
위치	서울시 종로구 부암동
대지면적	215㎡
연면적	66㎡
규모	지상 1층
구조	조적조+목구조
주요 마감	복합미장, 열연강판
공사기간	2013년 05월 완공
사진	남궁선

현대카드 디자인 라이브러리

설계	원오원 아키텍츠
위치	서울시 종로구 가회동 129-1
대지면적	555㎡
연면적	540㎡
규모	지상 2층
구조	철골조
주요 마감	복층유리, 종석미장뜯기 열연강판
공사기간	2012년 02월 완공
사진	남궁선

현대카드 영등포 사옥

설계	원오원 아키텍츠
위치	서울시 영등포구 영등포동
대지면적	824㎡
연면적	4,085㎡
규모	지상 7층, 지하 2층
구조	철근콘크리트
주요 마감	복층유리, 접합유리, 열연강판
공사기간	2013년 03월 완공
사진	남궁선

Architecture of Steel

Reportage

오랜 시간 손으로 합을 맞추다

대흥금속 김성운 대표, 원오원 아키텍츠 최진석 프로젝트 디렉터

인터뷰 심영규

대흥금속은 원오원 아키텍츠의 개소 초기부터 함께해온 협력 업체다. 십 오 년 전 원오원 사무실 리모델링 작업에서 처음 만나 지금까지 함께 성장해왔다. 뜨거운 햇살을 뚫고 고양시의 대흥금속 공장에서 김성운 대표와 원오원 아키텍츠의 최진석 프로젝트 디렉터를 만났다.

심씨(심) 인연이 오래됐다. 처음에 어떻게 만났나?

김성운(김) 2004년 한 인테리어 사무실 의뢰로 원오원 사무실 리모델링 작업을 하면서 처음 원오원 최욱 대표를 만났다. 원래 나는 새시(sash, 창틀)가 전문이지만 1997년 대흥금속을 세우고 삼성, GS, SK건설 등 대형 건설사 일을 닥치는 대로 했다. 그러다 원오원을 만나면서 바뀌게 됐다. 새시 계통의 일은 일종의 공식이 있으나 이 일은 완전히 성격이 다르다.

최진석(최) 사무실 초기부터 인연이 있었다. 일반적인 철 가공업체는 새시 전문 업체와 성격이 다르다. 알루미늄은 가공하기 쉽기 때문에 더 정교하다. 대흥금속은 새시가 전문이라 일반적인 철 가공업체보다 더 정교하게 작업한다. 목공 중에 대목, 소목, 가구 제작이 있는 것과 같다.

김 최소장 말대로 새시는 정밀하고 정교하다. 이것을 철로 구현해야 한다. 건물 전체에 대한 종합적인 이해가 있어야 가능하다. 새로운 일에 대한 호기심이 많아서 밤잠을 설칠 정도였다. 단순히 협력 업체가 아니라 건축주가 사용할 책상과 의자를 직접 만들어야 하는 등 책임이 컸다. 전에 안 해봤던 일을 하다 보니 작업 수준이 올라갔다. 이제 다른 일은 쉬워졌다(웃음). 오랜 시간 협력하다 보니 그동안 개발한 디테일을 함께 사용하고 또 발전시킨다. 작업 과정 중에 대화가 많다. 보통 주택 현장에선 1년 가까이 의논하며 작업한다.

심 오래 작업하면서 특히 기억에 남는 프로젝트가 있을 것 같다.

최 12년 전쯤 가회동 주택을 작업할 당시 외부에 1.2m 정도 돌출한 캐노피를 만들었다. 10m 길이의 철구조물을 20㎜ 두께의 후판으로 계획하고 테두리 부분은 50㎜ 두께로 설계했다. 처짐을 없애기 위해 각파이프를 사용하지 않고 철제 원판을 써서 시공했는데 무게가 엄청났다. 당시에는 힘들게 작업했지만 그 결과 지금도 처짐이 없다.

심 함께 작업한 또 다른 프로젝트는 어떤 것이 있나?

김 가회동 주택 말고도 북아현동 주택, 성북동 주택, 이화익 갤러리, 학고재 등 많은 작업을 함께 했다. 예전에는 두꺼운 후판을 썼다면 지금은 앵글이나 C형 채널 등을 구조재로 많이 사용한다. 학고재에서는 4㎜ 두께의 후판으로 대문을 만들었다. 간판을 겸하기 때문에 중요했다. 앵글 2개를 붙여서 만들었는데 인발[1] 철재를 사용해 코너에서 부드럽게 돌아간다.

최 우리는 철의 물성을 있는 그대로 드러내는 것을 좋아한다. 그러다 보니 보통 가공하지 않은 원판을 쓰고, 구조재로는 앵글, C형 채널 등의 인발 재료나 후판을 주로 사용한다. 대문 같은 경우는 500~600㎏은 기본이고 1t이 넘는 경우도 있다. 경첩을 비롯한 하드웨어를 기성품으로 쓸 수 없기

대흥금속 공장 내부. 원오원 아키텍츠의 개소 초기부터 함께 철재 작업을 돕고 있다.

Architecture of Steel

대흥금속은 대문, 우편함, 난간대와 같은 모든 금속 부분을 작업자가 손으로 만든다.

이전에는 두꺼운 후판을 썼다면 지금은 앵글이나 C형 채널 등을 실내 구조재로 많이 사용한다.

때문에 모두 대흥금속에서 현장에 일일이 맞추어 제작해야 한다.

감 주로 철재를 어떤 부분에 사용하나?
최 대부분 실내 구조재로 사용한다. 건축 현장에서는 철이 많이 쓰인다. 구석에 들어가 있거나 하지에 숨어 있어 잘 보이지 않을 뿐 알게 모르게 모든 바탕면이 철재다. 우리는 숨어 있는 구조재를 솔직히 드러낼 뿐이다. 실내 공사에서는 철재가 먼저 수평선을 잡아야 나머지 면을 잡을 수 있다. 과거엔 목공이 기준이 됐는데 경량철로 작업하면서 바뀌었다. 현장에서 금속 공사를 한 뒤 석공이나 목공이 들어온다. 현장 인건비도 절약할 수 있어 효율적이다.

감 원판을 사용하면 가공도 힘들고 하자도 많을 것이다. 그럼에도 불구하고 철재를 쓰는 이유는 무엇인가?
최 우선 하자가 적고 수직수평을 잡기에 유리하다. 또한 철은 다른 재료와 달리 고유한 광택이 있어 마감 방법에 따라 이를 조절할 수 있다. 두께마다 무늬도 조금씩 다르다. 특히 구로철판(열연강판)은 단면에서 고유한 빛이 나기도 한다.

김 우린 하자율 제로다(웃음). 하자를 줄이는 특별한 비결이 있는 게 아니다. 현장에서 작업자의 역할이 가장 중요하다. 또 철재는 내구성이 좋다. 보통 커튼 박스를 목재로 만드는데 철로 하면 더 오래간다. 원오원은 너무 과하지 않으면서 적절하게, 그리고 적재적소에 철재를 사용한다. 마감이 되고 나면 무게감이 있고 중후한 느낌이다.

최 만드는 사람은 무겁고 중후하다고 말하지만 디자이너 입장에선 오히려 가벼운 느낌이다. 무겁지만 가벼워 보이는 역설적인 재료다. 구조재로도 적당하고 디자인하기도 좋다. 일례로 가구를 만들 때 철을 사용하면 날렵하고 얇게 만들 수 있다. 또한 철은 다른 재료를 끊는 느낌이 있어 코너에 많이 사용한다. 예를 들어 콘크리트에 철을

대면, 유동성의 콘크리트를 담는 그릇의 느낌이 난다. 또 인발재를 사용하면 부드러운 느낌도 든다.
김 이렇게 철은 현장마다 색다른 것이 가장 큰 장점이다. 안 해본 걸 할 때 처음엔 답답하지만 그 자체로 재미있다.

감 건축주나 프로젝트의 성격상 함께 못하는 경우도 있을 것이다.
최 15년 넘게 일했지만 지금은 한 업체하고만 일하지 못한다. 프로젝트나 건축주가 다양해지기 때문에 우리가 금속 작업자를 지정할 수 없다. 겉으로 보이는 것만큼 크고 좋은 일만 하지 않는다. 가구나 작은 인테리어 공사에서 시작했기 때문에 운 좋게 만날 수 있었고 긴 시간 같이 일하면서 서로 성장하고 인연이 쌓인 것이다.

감 구체적으로 어떤 경우가 있나?
최 주로 기업과 일을 하는 경우다. 작업자마다 다르지만 때로는 금속이 너무 정교하게 나온다. 그린 대로 정확했지만, 너무 정확해서 마치 상상했던 게 없는 느낌이었다. 대흥금속과 일하면 인간적인 대화가 가능하다. 비유하자면 차가운 제품같지 않고 사람의 손이 닿은 작업처럼 느껴진다.
김 대문, 우편함, 난간대, 모든 금속 부분을 작업자가 손으로 만든 것이다. 이런 손맛이 중요한데, 만들 때 사용하는 사람을 늘 생각한다. 나는 설계자의 의견을 중요하게 여긴다. 다른 사람의 의견이 들어가면 의도에서 벗어난다. 설계자나 사용자의 속마음까지 반영하려고 한다.
최 대흥금속은 도면을 그리는 방법이 여느 업체와 다르다. 마치 모나미153 볼펜처럼 친숙하다(웃음). 타 업체는 밀리미터까지 정확한 반면 대흥금속은 손도면을 보내준다. 우리가 스케치한 것을 보고 모든 금속의 요소를 분해해서 그린다. 현장에서 만드는 사람이 이해하기 쉽고 친숙하다.
김 부끄럽지만 캐드를 하지 못해서

손작업을 한다(웃음).
최 어떤 도구를 쓰느냐에 따라 결과가 달라진다. 캐드와 손도면도 마찬가지다. 캐드는 그린 것을 수치화하는 반면, 손도면은 머릿속의 상상을 표현한다. 손도면은 감정이 있지만 캐드는 감정이 없다. 손도면은 강조하거나 중요한 부분이 잘 보인다. 캐드는 만드는 사람이 달라도 같은 제품이 나오지만 손도면은 만드는 사람에 따라 느낌이 달라진다. 대흥금속의 고유한 느낌이 난다.
김 가장 좋은 것은 선시공 후견적이다. 그래서 오래 같이 할 수 있다. 공사 단가를 견적에 맞추다 보면 한계가 생긴다. 오랜 신뢰를 바탕으로 터무니없이 견적을 내지 않기 때문에 가능하다. 어떻게 보면 원오원이 이득이다(웃음).

감 부암동에 최욱 대표의 주택 작업도 했다.
김 서재 테이블, 책꽂이, 선반, 오디오장부터 계단, 난간, 천창까지 모두 철재로 작업했다. 쉽게 말해 한옥에서 목재 대신 철을 사용했다고 보면 된다. 철재는 용접 부위가 없는 게 좋기 때문에 한옥의 목재를 연결하는 방식으로 모두 결구했다. 6㎜ 두께의 철판도 용접하지 않고 결구식으로 조립해서 작업했다.

감 다른 모든 협력 업체들이 모두 오래됐다.
김 다른 현장에서는 업체끼리 이기적이지만 우리는 모든 협력 업체가 한식구라는 공동체 의식이 있다. 모두 10년 이상 해 분위기가 좋고 합이 잘 맞는다. 목재는 조이아이디의 김용주 대표, 도장은 송인도장의 송기봉 대표, 전기는 전근표 대표. 모두 자기 분야에 자부심을 가지고 있다. 안 해본 일을 하면서 같이 성장했다.

용어정리
1) 인발 봉재나 관재를 그보다 단면적이 작은 치수의 다이스에 통과시켜 더 작은 구경의 단면 제품을 만드는 가공.

Architecture of Steel

Skin, Structure, Skin Frame

뼈와 근육 그리고 외피

동양구조안전기술 정광량 대표
유아이에이건축사사무소 위진복 대표
SG신성건설 스틸사업부 이우종 본부장

좌담회 진행 심영규

산업혁명 이후 대량생산 시스템과 대규모 공장시설이 구축되면서 저렴하게 생산하는 것이 가능해졌고 지금은 그 강도를 따라올 재료가 없다. 무게와 부식이라는 기존의 철이 지닌 한계를 돌아보고 구조재로서 철강의 가능성을 살펴본다.

철골구조의 현재와 한계

감씨(감) 국내에서 구조재로서 철강이 가진 현황과 문제는 무엇인가?

정광량(정) 철강이 없다면 구조재도 없다. 벽돌이나 콘크리트는 취성 재료다. 이를 연성으로 바꾸려면 철강이 필요하다. 현재 가장 많이 사용되는 철근콘크리트 구조RC는 값비싼 철강 대신 콘크리트를 섞어 쓴다.
철강의 가장 큰 장점은 경기장이나 공항처럼 대공간 구조에 유리하다는 것이다. 일반적으로 우리 주변에서 볼 수 있는 대부분의 건물은 구조가 있고, 그 위에 외피를 붙인다. 예를 들어 DDP는 비정형의 외부 패널인 외피와 뼈대인 구조재가 분리되어 있다. 공학적으로 비효율적 구조다. 국내에 많은 고층 빌딩과 대규모의 비정형 건물이 있지만 구조체가 외피가 되거나 동일한 레벨(높이)로 시공되는 경우는 거의 없다. 반면 스킨프레임skin frame은 말 그대로 구조재가 외장재가 된다. 유럽이나 선진국에서는 이미 여러 번 시도되었다. 예를 들어 에펠탑이나 시드니 오페라하우스, 구겐하임 미술관 모두 구조재와 외장재가 같은 층위에 있다. 베이징 올림픽 수영경기장, 파리 루브르박물관 내부의 이슬람 문화관은 철강을 구조적으로 잘 해석한 작업들이다.

감 한국은 세계 6위의 조강 국가로 다양한 철을 활용한 건축이 가능하다. 현재 구조재로써 철이 주로 어떻게 사용되고 있나?

정 구조적으로 보면 내진에서 가장 중요한 것은 덕틸리티ductility, 즉 연성이다. 지진을 견디는 재료는 철밖에 없다. 그러나 무조건 철을 넣는다고 되는 것이 아니라 적절한 구조적 디테일을 갖추어야 한다.

새로운 철구조의 가능성

감 현재는 RC나 철골구조 등 이미 오래 사용해 데이터가 풍부한 시공법 외에 다른 방법을 잘 사용하지 않는다.

정 많이 사용하는 방법으로 트러스 구조truss structure가 있다. 이는 상하부의 탑코드top chord, 바텀코드bottom chord로 이뤄진 이중 레이어로 부재를 연결하는 수직재와 경사재로 구성되는데, 구조체의 부피가 커져서 무게가 무겁다. 반면 공업화 3D해석이 가능해지면서 철강으로 쉘구조를 만들 수 있게 되었다. 자유곡면의 아치 형태인 래티스쉘Lattice Shell 구조는 한 층의 레이어로 실제 선진국에서는 이미 많이 쓰이고 있다. 대영박물관의 루프 스트럭처(2000)가 대표적이다. 국내에는 독일의 자재와

2000년 노먼 포스터가 설계한 대영박물관의 루프 스트럭처는 대표적인 레티스쉘 구조다.

런던의 킹스 크로스 기차역 내부 전경. 영국의 존 맥애즐란 앤 파트너스에서 설계했다.

시스템을 들여와 지은 광교 CJ R&D센터가 있다. 또한 하남 스타필드 천창에는 폭 20m 미만의 작은 규모로, 최근 준공한 인천국제공항 제2여객터미널 공항 천장에는 폭 100m의 장스팬에 이 구조를 적용했다. 한국에서 구조를 새로 개발하는 것은 무리다. 외국에는 오래전부터 사례가 있었지만 우리나라는 최근에 와서야 조금씩 따라가고 있는 상황이다.

이우종(이) 래티스쉘 구조는 기존처럼 와이어나 기둥이 필요 없다. 자중은 물론 풍력이나 하중 같은 외부의 힘에도 잘 견딘다. 국내 기술로 개발은 이미 완료됐다. 5~6년 전부터 동양구조안전기술과 공동 연구를 통해 특허도 냈다. 단위셀의 각 부재를 연결하는 조인트가 부재와 만나는 각도가 모두 다르기 때문에 볼 형태로 개발했다. 최근엔 3D 디자인과 CNC 가공 기술이 개발되면서 볼 대신 3차원 마디를 가공해서 바로 접합한다. 우리는 아시아에서 유일하게 3차원 해석이 가능한 엔지니어링 기술을 갖고 있다. 유럽이나 미국에서도 아직 고가인 반면 국내에서는 기술개발을 통해 엔지니어링 가격을 30% 정도 낮췄다. 그러나 적용 사례가 많아야 하는데, 아직 국내에서 개발한 것에 대해 신뢰도가 낮다. 이를 해결하는 게 급선무다.

구조재의 노출과 비노출

감 신성건설은 철강으로 만든 SCP합성거더를 개발했다. 기존의 RC와 어떤 차이가 있나?

이 SCP합성거더 Steel Confined Pre-stressed Concrete Girder 는 폐압 구조로 외부에는 인장재인 철강을, 내부에는 압축재인 콘크리트를 넣었다. 일반적으로 철근콘크리트는 내부에 인장재인 철근을, 외부에 압축재인 콘크리트를 사용하는데 시간이 지나면서 콘크리트에 틈이 생긴다. 그 사이로 빗물, 공해물질, 이산화탄소가 들어가 철근이 부식되면 구조적으로 약화된다. 반면 안과 밖의 재료를 바꾼 합성거더는 외부 철강의 방식을 잘 처리하고 도료로 보수만 잘 해주면 훨씬 안전하다. 사용성이 유리한 데다 저항성이 크고 부피가 적어 데드스페이스가 줄어든다. 반면 가격은 조금 더 올라간다. 일반적으로 도로, 교량, 철도 같이 토목 구조용으로 쓰지만 건축용으로도 많이 쓰이고 특히 주차장의 합성보로 많이 사용한다.

정 세계적인 하이테크 건축가로 대표되는 노먼 포스터 Norman Foster 나 리처드 로저스 Richard George Rogers, 렌조 피아노 Renzo Piano 모두 철구조를 외부에 노출했다. 렌조 피아노가 설계한 오사카 공항은 노출된 철 구조물의 백미다. 리처드 로저스가 설계한 런던 히드로 공항과 스페인 마드리드 공항도 마찬가지다. 그러나 이렇게 철 구조물을 외부에 드러내면 용접과 마감 처리가 매끄럽지 않아 내화페인트를 다시 칠해야 하고 유지와 관리에 비용이 많이 든다. 최근엔 국내 내화 기준이 엄격해지고 있는데, 이 기준을 만족하는 내화페인트는 비싸고, 두꺼우며 무겁다. 게다가 표면이 미려하지 않고 깨지기도 쉽다. 그래서 요즘에는 철을 노출하지 않고 숨기는 것이 세계적인 추세다. 노먼 포스터가 설계한 베이징 서우두 국제공항 Beijing Capital International Airport 은 철골을 노출하지 않고 내부에 실링을 뒀다. 이렇게 실링 기술이 발달해 소음이 낮고 안락한 실내를 만들 수 있다.

이 실제 천장재로 마감한 인천국제공항 제2여객터미널이 구조재가 노출된 제1여객터미널보다 소음도가 낮다. 철강으로 된 오프닝 실링은 3차원 디자인 프로그램의 발달로 유려한 구조이자 마감재가 된다. 일례로 코엑스 별마당 천장도 철골 트러스 아래 금속 실링을 시공한 것이다.

위진복(위) 국내 건축계에서 철을 발주하는 방식은 모두 단순하게 단위무게(t)당 가격으로 동일하다. 노출용 철과 구조용 철의 가격이 다르지만 구분하지 않는다. 발주 방식부터 문제다.

노먼 포스터가 설계한 베이징 서우두 국제공항. 철골을 노출하지 않고 내부에 실링을 두었다.

리처드 로저스가 설계한 스페인 마드리드 공항.

구조와 원리를 드러내는 디자인

감 유아이에이건축사사무소는 구조를 디자인에 적용하는 데에 탁월한 방법론을 보여준다. 필리핀 최후의 대피소나 고려대학교의 복합문화시설 파이빌99, 유니버시아드 수영장은 철강 구조를 사용한 대표작이다.

위 형태와 구조에 관심이 있다. 그래서 구조를 드러내는 방식을 많이 사용한다. 이를 감추려고 하면 일반적으로 추상적인 개념을 디자인에 적용하는데 그것보단 직유를 선호한다.

DDP는 비정형의 외부 패널인 외피와 뼈대인 구조재가 분리되어 있다. 공학적으로 비효율적인 구조다.

감 그런 의미에서 철이 가진 장점과 단점은?

위 콘크리트는 조형성이 강하다. 반면 철은 하나하나의 요소가 보인다. 재미있으면서 어렵다. 콘크리트를 적용하기 어려운 대공간은 스팬이 긴 철을 이용하는 것이 더 유리하다. 숨기면 가공하기도 편하다. 단점은 대부분 용접을 해야 하기 때문에 투박하고 고가라는 점이다.

정 용접이냐 핀이냐, 볼트냐는 크게 상관없다. 중요한 것은 설계하는 사람이 철의 구조와 원리를 얼마나 이해하고 있느냐이다. 또한 건축가의 계획안을 구현할 수 있는 엔지니어와 비용이 필요하다. 디자인의 가치를 인정해줘야 한다.

감 유니버시아드 수영장은 독특한 구조적 해석과 가변 좌석이 특징이다.

위 2015년 광주하계유니버시아드 대회를 위해 수영장이 필요했다. 그러나 광주에서 2019년 세계 수영 선수권대회가 예정되어 있었다. 후자가 국제행사라 필요한 관객석의 규모가 1만 5,000석으로 훨씬 컸다. 그러나 한 번의 국제대회를 위해 처음부터 크게 만들 수 없었고, 나중에 증축도 어려웠다. 경기 이후에는 쓸모없어지기 때문이다. 결과적으로 현재 3,590석으로 설계했고 세계대회를 앞두고 수영장 한쪽 벽을 열어 가변석 1만 1,410석을 추가할 수 있도록 계획했다. 위의 패널은 모두 곡면으로 디자인했다. 이때 구조와 디자인이 동시에 진행되어 맞아떨어져야 한다.

감 파이빌99는 철과 컨테이너에 대한 진정성을 강조했다.

위 건축에서 종종 컨테이너를 이용하는데, 그 이유는 용도의 의외성으로 디자이너의 창의적 제안이 가능하기 때문이다. 기존에 많은 상업시설이 대중적, 상업적 이미지를 위해 컨테이너 느낌을 차용했지만 실질적으로 컨테이너가 가진 팝업, 이동, 재활용, 차용의 장점을 살리지 못했다. 고려대학교의 복합문화시설인 파이빌99는 컨테이너를 흉내낸 모듈러가 아니라 실제 해상용 중고 컨테이너를 재활용했다. 20ft 하이큐브 19개와 40ft 19개로 총 38개를 사용했으며, 스튜디오동인 S-block과 다목적동인 A-block으로 구성했다. 스튜디오동은 폴딩도어로 내부 공간이 가변적인 스튜디오 공간 17동, 화장실 2동이 있고, 다목적동은 1층 카페, 2층엔 복층의 대강당, 4층은 오픈스튜디오로 이루어져 있다. 특히 대강당동은 6m 캔틸레버를 통해 활용도 높은 외부 공간과 내부의 확장 공간을 계획하여 다양한 활동과 행사를 수용할 수 있다.

감 특히 구조적인 문제 해결과 시공에 애를 많이 먹었다고 들었다.

위 이 프로젝트는 컨테이너의 장점 중 쌓기와 내밀기를 새롭게 제안했다. 엇갈려 쌓아서 실내면적에 버금가는 테라스 공용면적을 만들고 다양한 동선을 구성하였다. 다목적동의 캔틸레버로 내미는 형식은 다채로운 공공 공간을 만들어낸다. 결과적으로 38개 중고 컨테이너를 재활용해 72.5t의 탄소배출량을 줄였다. 38그루의 소나무가 286년 동안 흡수하는 탄소량에 버금가는 양이다.

Architecture of Steel

고려대학교의 복합문화시설인 파이빌99는 컨테이너의 장점 중 쌓기와 내밀기를 새롭게 제안했다.

광주하계유니버시아드 수영경기장은 한쪽 벽을 열어 가변석 1만 1,410석을 추가할 수 있도록 계획됐다.

구조용 철의 연구와 발견

감 새로운 철구조를 가능하게 하는 연구와 문제 해결 방법은?

정 지금까지는 강도를 높이는 개발이 중심이었다면 최근에는 내진 이슈로 연성 중심의 철에 관심이 모이는 추세다. 그러나 다양한 제품군을 개발해야 한다. 기술 개발로 소재들은 얼마든지 만들 수 있다. 과거엔 공급자 중심이었기에 이미 만들어놓은 소재를 사용했지만 이제는 수요자 중심으로 바뀌어야 한다. 일례로 최근 포스코에선 새로운 컬러강판을 개발했다. 디자인이 강조되다 보니 강판 자체에 그러데이션을 주는 기술을 개발한 것이다.

이 포스코대우에 솔루션센터가 있다. 기존에는 대리점에만 유통해 경쟁을 하지 못했지만 이제는 소비자 위주의 전략을 만들고 직접 판매도 한다. 합성 구조 방식으로 내부는 고강도, 외부는 저강도를 써 구조적인 엔지니어링을 극대화하는 구조물을 많이 의뢰한다. 인장력과 압축력이 많이 필요한 부분이 각각 다르기 때문이다. 이를 TAS 거더 Trapered Shape Steel Box Girder 라고 하는데 이렇게 배치를 바꾸면 효율적인 구조가 나오므로 주문자 맞춤 생산 방식으로 개발할 예정이다. 포스코는 내진 성능이 우수한 TMCP강판을 개발하였고 SN강재를 이용한 내지진 강관 등을 생산하여 상용화하였다. 현대제철은 일반 강재에 비하여 높은 에너지 흡수력과 충격인성을 지닌 H-CORE Roll-beam을 내진구조재로 개발하였다(p.109 지진에 강한 철을 만들다 참조). 또한 동국제강은 내진용 BH의 시장 보급을 확대하고 있다. 이러한 내진용 강재는 더이상 지진 안전지대가 아닌 국내의 건축 구조설계에 효율적이다. 다만 시공자 입장에서는 상대적으로 가격이 비싸고 TMCP강은 Built-up 제작 빔으로 생산비가 많이 드는 점이 아쉽다.

철강의 미래

감 앞으로 철강 건축의 미래가 기대된다.

이 철 자체가 가격이 비싸다 보니 시장이 커지는 데에 한계가 있다. 때문에 소모량을 최소화해야 한다. 우리는 소모되는 철의 양을 최소화하도록 포스트텐션과 프리텐션 그리고 강선을 조합해서 연구하고 있다. 신성건설은 연구개발에 투자를 하고 있고 충주에 자동화된 생산시설이 있다. SCP합성거더와 건축용 MDF합성거더는 각각 연간 2만t을 생산할 수 있다. 스틸사업본부의 건축 사업으로 컨테이너와 자주식 주차장, 건축용 거더, 철강구조물 사업이 있다. 특히 도장공장이 잘 갖춰져 있다. 장치산업이다 보니 전체적인 규모나 제조 공정, 레이아웃이 중요한데 일반 도장공장은 규모나 시설 면에서 한계가 있다. 이곳의 도장공장에서는 폭 12m, 높이 6m, 길이 80m 부재의 일괄 도장 작업이 가능하다. 건축을 넘어서 중공업 수준이다.

정 철은 무조건 엔지니어링과 관계를 가져야 한다. 하지만 국내에서는 20년 가까이 무관심으로 일관했다. 엔지니어도, 도면을 그리는 사람도 없다. 더욱 악순환이다. 앞으로 철을 건축미로 표현할 수 있는 건물은 비싸질 것이다. 결국 경제적 논리를 이겨야 한다. 철강협회에서는 이 문제를 해소하기 위해 아카데미 교육을 계획했다.

정광량
동양구조안전기술 대표

동양구조안진기술의 대표로 고려대학교 건축공학과를 졸업하고 동 대학원에서 공학박사를 받았다. 현재 한국건축구조기술사회 회장이자 국토교통부 중앙건설기술 심의위원이고, 고려대학교와 한양대학교 겸임교수다.

위진복
유아이에이건축사사무소 대표

한국에서 건축학부를 마치고 런던에서 AA School을 졸업한 후 마이클 홉킨스와 리처드 로저스 사무실에서 근무했다. 2009년부터 서울에서 유아이에이 건축사사무소(UIA: Urban Intensity Architects, 도시의 내적 강도를 위한 건축가들)를 운영 중이다. 주요 프로젝트는 삼성동 업무시설, 광주유니버시아드 수영장, 독산극장, 광주 운암동 주상복합, 고려대학교 파이빌99 등이 있다.

이우종
SG신성건설 스틸사업부 본부장

SG신성건설의 스틸사업 본부장으로 강합성 구조(SCP, MFD)의 특허개발과 신기술 인증 상용화에 성공하여 다양한 건축 구조재와 철도용 교량, 도로용 교량 등에서 특화된 사업장(충주 자동화 생산시설 10만㎡) 운영 중이다.

Processing of Steel

건축용 철의 가공 글 심영규

철은 다양한 형태로 가공해야 비로소 건축재료로 활용할 수 있다. 가장 많이 사용하는 원판은 1,220×2,440㎜의 크기인데 이를 펀칭해 뚫고 자르고 구부린다. 최근엔 기술과 기계가 발달하면서 레이저커팅과 펀칭프레스, 자동절삭기계를 사용한다. 파이프와 같은 강관류와 강선은 다양한 두께와 길이가 있다. 이를 튜브레일 기계로 자르고 뚫고 용접해 연결한다.

국내에는 수천 곳의 임가공 toll processing 업체가 있지만 앞으로 소개하는 3곳의 업체는 건축가들과 협업을 통해 단순 임가공을 넘어서 디자인을 완성하는 훌륭한 동업자의 역할을 하고 있다.

Reportage

독보적인 비정형 곡면 성형 기술
스틸라이프 박광춘 대표

인터뷰 심영규

톰 메인Thom Mayne, MVRDV, 자하 하디드Zaha Hadid 등 해외 유명 건축가와 설계사무소가 찾아오는 국내 소규모 철강 시공회사가 있다. 국내외 다양한 비정형 철제 외장재를 시공한 스틸라이프. 김포에 위치한 공장 규모는 6,600㎡로 크지 않지만, 이곳엔 수많은 목업과 테스트 제품이 쌓여 있다. 국내뿐 아니라 해외시장에 내놔도 손색없는 비정형 곡면판 성형 기술을 가지고 있는 스틸라이프 박광춘 대표를 처음으로 단독 인터뷰했다.

감씨(감) 간단한 소개와 스틸라이프가 가진 기술에 대한 설명을 듣고 싶다.

박광춘(박) 원래 화학공학을 전공하고 제비표페인트와 샌드위치패널을 만드는 연합인슈, 시공사인 한맥중공업 등 건축자재 업체의 연구소에서 일했다. 그리고 2001년 스틸라이프를 창업했다. 스틸라이프는 그동안의 모든 경력과 관련이 있다. 이름처럼 금속과 관련된 설계부터 시공까지 한다. 공장 생산은 모두 주문 제작이다. 매출은 320억 원으로 1년에 대략 5~10채 정도의 건축물을 시공하고, 제품은 10만㎡ 정도 생산한다. 필리핀과 몽골, 아랍에미리트 등에 시공과 자재 납품도 한다.

감 그동안 많은 작업을 했다. 특히 외장재 관련 특허가 많다. 구체적으로 지붕 드레인과 다중 복합곡면 성형판, 비정형 곡면 성형장치 등에 대해 설명해 달라.

박 대표적인 기술은 비정형 곡면판 성형 기술이다. 산업자원부의 제조신기술 인증NET, New Excellent Technology과 관련된 국내외 특허도 많다. 공장엔 대표적으로 MPFMulti-point Press Forming, MPSFMulti-Press Stretched Forming 기계와 레이저, 라우터, 조각기 등이 있다. 예전에는 비정형을 제작하려면 일일이 수작업으로 해야 했기 때문에 값이 비쌌다. 우리는 금형 없이 지속적으로 제작할 수 있는 기계와 기술이 있다. MPF, MPSF는 금속판을 당겨서 복원되지 않게 하는 기술로 2011년 DDP 외장재에 적용하기 위해 처음 기계를 제작했다.

대규모 공간의 지붕도 시공하다 보니 사이포닉 드레인 시스템Siphonic Drainage System이 필요했다. 대공간 지붕은 물의 무게 때문에 우수를 빨리 처리해야 한다. 그러려면 지붕의 한쪽을 높게 계획해 경사가 가파르게 만들고 배수관을 많이 두어야 한다. 그러나 사이포닉 드레인 시스템은 지붕의 경사를 기존의 3분의 1만 줘도 된다. 유럽에서 많이 쓰는 기술인데 국내에 두 번째로 들여와 적용성을 높였다.

감 플랫데크 같은 대형 공간의 지붕이나 DDP같이 비정형 패널을 이용한 외장재를 작업했다. 뿐만 아니라 울릉도 코스모스 리조트같은 비정형 거푸집도 제작했다.

박 청사나 역사, 문화시설 같은 공공시설은 대규모의 공간이 필요한데 대공간은 천장 공사비용이 많이 든다. 플랫데크는 지붕 일체화 시스템으로 두께가 100~230㎜로 다양하고 지붕의 하중을 받치는 수평 부재인 중도리purlin 없이 6m까지 시공이 가능한 것이 특징이다. 중도리를 빼면 무게가 가볍고 별도의 가설 공사가 필요 없다. 일반적으로 철재는 처짐이 있는데 단면 구조를 보강해 이를 보완했다. 또한 컬러강판을 쓰기 때문에 따로 도장이 필요 없고 타공해도 녹이나 성능 저하가 없다. 제주컨벤션센터(2009) 지붕과 최근 잠실 체조경기장 리모델링에 적용했다.

공장 외부에 있는 비정형 외장재 목업.

49개의 게이트가 있는 아랍에미리트 아부다비 국제공항은 알루미늄복합패널을 일일이 벤딩해서 시공했다.

스틸라이프 공장 외벽은 모양이 다른 세 종류의 자재를 조합해 만들었다.
용접이 아닌 띄워서 끼우는 식이라 볼트가 외부에 노출되지 않는다.

감 지붕재인 SSMR Standing Seam Metal Roof 패널은 SLT, SLD, SLW 방식이 있다.

박 SSMR은 공장에서 사전 제작하는 플랫데크와 달리 현장에서 직접 지붕재를 롤포밍으로 성형한 후 접어서 제작하는 방식이다. 대형 지붕은 배송이 불가능하고 시간과 돈이 많이 든다. 그렇기 때문에 현장에 성형 장비를 가져가 제작한다. 스탠딩 심 Standing Seam은 끝을 접어서 물이 들어가지 않게 하는 방식으로, 언급한 세 가지 방식을 용도에 따라 선택해서 사용한다. 바람에 강한 곳은 SLT, 물이 새지 말아야 하는 곳은 SLD, 일반 주택이나 건축물은 SLW 방식을 적용한다.

감 철강은 특성상 외장재에 적합한 재료다. 비정형 외장재인 에스큐브패널 S Cube Panel과 다중형상벽 시스템 Multi-Shape Wall System의 장점과 기술에 대해 설명해 달라.

박 스틸라이프의 외장재는 비정형을 기본으로 하며 기존에 있는 재료를 새로운 방법으로 설계해 현장 적용성을 높인다. 우리가 하는 것은 대부분 남들이 하지 않는 새로운 시도다. 대규모의 익스팬디드 메탈을 사용하거나(p.49 철의 매력을 끊임없이 탐구하다 참고), 스테인리스 스틸, 알루미늄을 사용해 비정형 건축의 외장재를 시공한다. 모두 기존의 방법이 있지만 가격이 비싸거나 성형 자체가 불가능한 문제를 해결한 것이다. 다중형상벽 시스템은 현재 스틸라이프 공장에 적용했다. 모양이 다른 세 종류의 자재를 조합해서 외장재를 만드는데 용접이 아니고 띄워서 끼우는 식이라 볼트가 외부에 노출되지 않는다. 특히 재건축이나 리모델링 프로젝트에 적합하다. 에스큐브패널은 비정형과 관련된 모든 것을 말한다. 최근 49개의 게이트가 있는 아랍에미리트 아부다비 국제공항 프로젝트에서는 알루미늄복합패널인 ACP를 벤딩해서 납품했다. 세계적인 기업인 영국의 폼텍스 Formtexx도 하지 못한 것을 우리가 한 것이다.

감 좀 더 구체적으로 2차 곡면 가공 기술의 특징과 장점, 한계점 그리고 개선점에 대해 알려 달라.

박 일반적으로 MPSF로 작업해 판재를 늘린 후 MPF로 교정한다. 특히 철재는 줄눈 부위와 접히는 힌지의 디테일이 중요하다. 장점은 판재를 늘리기만 하므로 두께가 얇아지지 않고 원상 복구되지 않는다. 일반적으로 200~300㎫의 힘을 가해 강재를 항복시킨 후 교정한다. 이렇게 하면 안정성이 뛰어나다. 하지만 우리 기술을 잘못 흉내내면 판재가 복원되어 하자가 생긴다. 빠른 제작도 장점이다. 우리는 길이가 1,600㎜일 때 높이 400㎜까지 휠 수 있다. 표준 규격은 1,200×1,600㎜지만 최대 1,200×2,400㎜까지 가능하다. 알루미늄은 6㎜까지 가능하고 강재는 3㎜가 표준이다. 내년 하반기엔 기술 제휴로 해외에서 한 대의 기계를 더 만드는데 1,200×3,000㎜까지 가능해진다. 크기가 커질 뿐 아니라 정밀도도 높아진다.

Architecture of Steel

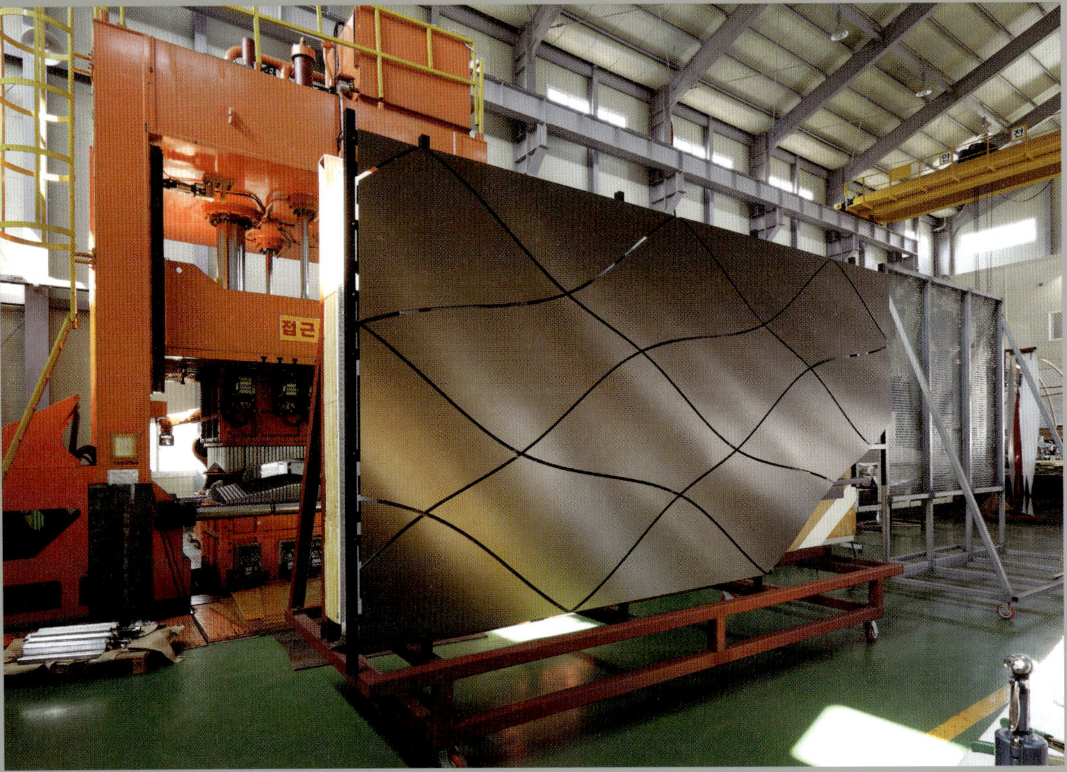

스틸라이프는 대규모 익스펜디드 메탈을 사용하거나, 스테인리스 스틸, 알루미늄을 사용해 비정형 건축의 외장재를 시공한다.

모포시스의 톰 메인이 설계한 마곡 코오롱 R&D센터는 내외부를 스테인리스 스틸 프레임으로 시공했다.
50Ø 난간의 포스트를 로드바로 고정했다.

감 스틸라이프의 대표 기술은 지붕 구조, 비정형 외장재, 비정형 거푸집으로 정리할 수 있다. 많은 작업을 했는데 각각의 기술 차이와 개선된 부분은?

박 똑같은 걸 두 번 해본 적이 없다. 비정형 강재거푸집의 경우 DDP의 조형 기둥이 국내에선 첫 사례다. 거푸집 회사 세 곳이 도전했다가 실패했다. 처음에는 FRP로 했지만 측압을 버티지 못하고 터졌다. 목재나 함석도 당연히 실패해서 강재로 하게 됐다.

전곡역사박물관은 스테인리스 스틸을 타공해서 디자인했다. 2012 여수엑스포 삼성관은 외부 철제 패널이 바람에 흔들린다. 모든 패널 디자인이 다르다. 최근 완공된 마곡 코오롱 R&D센터는 내외장 프레임의 스테인리스 스틸 로드바를 시공했다. 기둥이자 난간 역할을 하는데 50Ø의 포스트를 로드바로 고정했다. 울릉도 코스모스 리조트 경우 철제 거푸집이 분리형이 아니라 매립형이다. 내부의 거푸집은 제거하지 않고 구조를 보강하는 역할로 남겼다.

국내에선 일반적으로 싸고 품질에 하자가 없는 제품을 좋아해 종종 우리가 설계한 것을 빼앗기는 경우도 있는데 그렇게 되면 건물이 엉망이 되곤 한다. 일일이 확인할 방법이 없는 것이 비정형이다. 기술을 숙지하지 않은 작업자가 시공하다 보면 하자가 날 가능성이 크다. 시간도 필요하고 계획이 시공보다 중요하다. 국내에는 오랜 시간 기술을 축적한 회사가 많지 않다. 반면 해외에서는 톨러런스와 보증에 대해 먼저 묻고 그 다음이 가격이다. 시사하는 바가 크다.

Architecture of Steel

Reportage

차가운 철강을 가르는 날카로운 레이저
인페쏘 유봉열 대표

인터뷰 심영규

송도가 바라보이는 인천 남동공단 끝에 있는 인페쏘는 금속을 디자인해서 레이저로 가공하는 전문 업체다. 차가운 원자재에 뜨거운 아이디어와 디자인, 그리고 설계를 더해 부가가치를 극대화한다. 1985년 설립돼 35년 이상 경력인 금속 가공업체 인페쏘 유봉열 대표를 만났다.

감씨(감) 튜브레일 기술에 특화되어 있다고 들었다.

유봉열(유) 송도의 가로등은 전부 우리가 제작했고(웃음). 버스정류장, 스크린도어, 차도와 인도를 분리하는 난간 등 도시의 다양한 제품을 만든다. 뿐만 아니라 가정에서 사용되는 TV와 오디오 장식장 등의 가구도 제작한다. 회사의 매출은 단순 레이저 임가공, 금속 가구, 주문형 디자인 가구 이렇게 크게 세 가지인데 향후 주문형 디자인 가구가 많이 늘어날 것으로 본다. 우리는 파이프를 레이저로 뚫거나 자르는 파이프 레이저 가공 기술에 특화돼 있다. 주로 기계 부품이나 공공 시설물 등에 쓰이는 파이프는 정밀한 가공이나 절단이 어렵기 때문에 레이저 가공이 절대적으로 필요하다. 우리는 국내에서 파이프 레이저를 가장 먼저 시작했고 최대 길이 12m에 20~320Ø까지 가공할 수 있는 대형 파이프 레이저 가공기를 보유하고 있다. 최근엔 공공 시설물과 안전 난간뿐 아니라 건축 등에도 많이 쓰이면서 경쟁이 치열해지고 있다. 국내에도 레이저 가공 기계가 많이 도입됐는데, 대부분 평판을 가공하기 위한 설비다. 최근엔 콘크리트만으로 표현하기 어려운 비정형 건축이 늘면서 금속이나 유리를 외장재로 활용할 가능성이 높아지고 있다. 앞으로 디자인 회사로 차별화를 꾀하고 있다.

감 어떻게 레이저 가공에 관심을 가지게 됐나?

유 과거에 생산하던 제품은 단순한 강판이었기에 가공 후에 페인트로 후처리를 해야 했다. 최근에야 내식성 특수강이나, 표면처리 강판 등 2차 후처리가 필요 없는 제품이 많이 나오면서 가공 시간이 빠르고 가격이 저렴한 레이저가 경쟁력을 갖추게 됐다.
처음에는 가전 부품으로 시작했다. 오디오 기기의 외장재를 만들다가 스피커도 만들었다. IMF를 기점으로 TV나 오디오 장식장으로 바꿨다. 주문형 디자인 가구는 10년 전부터 시작했다. 고부가가치를 생각하다가 디자인에 집중했다. 수퍼미러 스테인리스 스틸로 커피바도 디자인했다. 일반 가구보다 고급스럽다.

감 튜브레일을 외장재로 사용한 사례가 있다면?

유 지금까지 철제 외장재는 타공판 정도로 소재가 다양하지 않았는데 레이저커팅을 하면 디자인이 다채로워진다. 레이저커팅 타공판보다 각재로 만든 외장재가 시공성이 좋고 건축비도 절감할 수 있다. 각재의 크기도 다양하게 할 수 있어 디자인이 자유롭다. 용접 대신 볼팅만으로 조립이 가능하니 전문 시공사가 따로 필요하지 않다.
2012년 우리의 파이프 레이저 가공 기술을 보여주기 위해 인페쏘 사옥(OCA 설계, 이한건설 시공)을 만들었다. 30×30㎜, 높이

인페쏘는 최대 길이 12m에 20~320Ø까지 가공할 수 있는 대형 파이프 레이저 가공기를 보유하고 있다.

9m의 사각 스테인리스 스틸 파이프를 사용했다. 표면은 레이저로 커팅해서 외관을 디자인했다. 고성 소가야 교회도 이 가공 기술을 이용해 건축가가 의도한 디자인을 외피에 적용했다.

감 외장재 외에 구조재로 파이프의 이용에 대해 설명해 달라

유 자유로운 형상을 구현하고 싶다면 파이프를 쓰는 것이 유리하다. 보통 H형강은 수직수평 방향의 힘만 받는데 파이프는 방향성 없이 모두 힘을 받는다. 따라서 건물의 형태가 일반적인 수직 수평을 벗어나면 파이프가 구조적으로 안전하고 조립하기도 쉽다. 3D프로그램의 개발로 비정형 건물 디자인이 가능하다. 베이징 워터 큐브의 외관도 모두 파이프다.

감 건축에서 구조재가 아닌 비계와 같은 가설재로도 파이프를 많이 사용한다.

유 일반적으로 가설재는 가격이 저렴하지만 특수한 현장에 쓸 수 없고 크기도 제한돼 있어 임대한다. 포스코에서는 고강도강관비계(UL700) 제품을 만든다. 일반적으로 임대형은 60Ø인데, 주문형 비계를 사용하면 45Ø로 줄일 수 있다.

감 최근 진행하고 있는 모듈러하우스에 대해 자세히 설명해 달라

유 포마건축사사무소의 김철호 대표와 작업하고 있는 프로젝트로 기존 모듈러하우스와 달리 용접 대신 파이프 레이저로 가공하고 조립하여 구조를 완성한다. 이렇게 하면 경제적이면서 생산성이 좋고 시공 품질도 뛰어나다. 컬러강판을 사용하면 2차 가공 없이 표면 처리가 가능하고 디자인이 우수하며 생산 속도도 빠르다. 다른 모듈러하우스와 비교해도 경쟁력이 있다. 대량생산보다 특화된 소량다품종을 신속하게 만들 수 있다.
현재 디자인된 작업 외에 두 번째 타입으로 박공 형태를 진행하고 있다. 가로와 세로가 3×2.5m, 높이는 3, 6, 9m로 다양하며 포스코의 포스맥 제품을 사용해 아름다운 질감을 낸다. 내외부를 조립할 때 볼트가 보이지 않는 시공법으로 디자인 등록이 되어 있다.

감 건축 외에 가구와 작은 소품도 직접 디자인해서 제작한다.

유 독일 트럼프사의 3차원 레이저 기계로 물건의 형상을 만들어둔 이후에 다양한 각도에서 레이저커팅과 용접을 할 수 있다. 일종의 로봇이다. 트럼프사의 복합기는 레이저와 펀치프레스를 할 수 있다. 튜브레이저에도 특화되어 있다. 야외용 벤치와 테이블은 직접 판매도 하고 있다. 의자는 아직 많이 팔리지는 않았다. 스툴은 처음에 팔려고 만든 것은 아니지만 주변에서 사고 있다. 1.2m의 길이, 1.2㎜의 두께인 강판 한 장으로 의자 1개가 나온다. 무게는 20㎏이다. 10개씩 주문하면 가격을 낮출 수 있다.
지금 하고 있는 건 전기차충전소로 태양열 판을 붙여 구조물을 만든다. 주차장의 유휴 공간에 설치해 가로등, 충전소의 역할을 동시에 한다. 핵심 기술은 레이저커팅 이후에 조립식으로 한다. 레이저커팅은 가격 부분이나 시공성이 좋다.

포스코와 함께 건축가 국형걸이 디자인한 솔라파인 ver 2.0과 스마트태양광모듈의 목업을 제작했다. 용접없이 볼팅만으로 조립이 가능하다.

Architecture of Steel

인페쏘 사옥의 외부는 철재를 레이저로 커팅해서 디자인했다. 30×30㎜, 높이 9m의 사각 스테인리스 스틸 파이프를 각기 다른 형태로 가공해 인페쏘라는 글자가 드러나게 사용했다.

Architecture of Steel

3　Challenge of Steel

Steel with Beauty and Function

거친 철강에 아름다움과 기능을 더하다

인터뷰 심영규

포스코 철강솔루션마케팅실
구조연구그룹 디자인솔루션팀 이택준 차장

포스코는 지난해 매출 60조 6,550억 원으로 국내 1위, 세계 5위 철강기업(세계철강협회 기준)이다. 최근 포스코는 고내식성 강재인 포스맥이나 포스아트 강판 등 새로운 제품 개발뿐 아니라 다양한 적용 방법에 대한 연구를 진행하고 있다. 이제는 단순히 철강재를 공급하는 것을 넘어 새로운 사용처를 적극적으로 찾아 나서며 특히 강건재 시장에도 변화가 일어나고 있다.

감씨(감) 철강업체에서 솔루션마케팅이란 용어가 새롭다.

이택준(이) 2014년 10월 포스코에서 '솔루션마케팅'을 주창하며 디자인팀을 만들었다. 예전에는 포스코가 철강을 독점했으나 중국산 철강이 수입되고, 국내 시장도 경쟁이 점점 심해지고 있다. 기업 입장에서 철강에 관한 솔루션이나 새로운 용도를 제안하지 않으면 안 되는 상황이 된 것이다. 포스코에서 생산하는 철은 말하자면 '산업의 쌀'이다. 이제 쌀만 공급하는 게 아니라 쌀을 가지고 어떻게 요리를 만들 수 있는지 제시하는 것이 중요해졌다.

감 현재 건축용 철강산업과 시장의 변화는?

이 지금까지 철강은 자동차가 중요한 시장이었으나 점차 건재시장이 중요해지고 있다. 그동안 건재시장에 신경 쓰지 못했고 소극적으로 대응했다. 예전에는 건축 분야에서도 구조재인 열연후판의 비중이 높았으나 최근 외장재인 강판에도 주목하고 있다. 튼튼한 뼈대를 주로 만들다가 이제 아름다운 피부까지 고려하는 셈이다.

감 외장재로 사용하려면 부식이나 처짐뿐 아니라 무게도 해결해야 한다.

이 우리는 투박하고, 다루기 어렵고 무겁다는 철의 단점을 극복해서 다양한 디자인에 적용할 수 있도록 여러 해결책을 개발해서 제공하고 있다. 철강은 구조재인 동시에 외장재가 될 수 있다. 그러므로 그 자체로 접어서 외장재로 사용하는 가공 방식을 개발하고 이를 위한 디자인을 만드는 게 중요하다. 과거 김찬중 건축가(더시스템랩 건축사사무소)와 자동절곡시스템을 활용한 '스틸이글루'를 만들어 금호미술관에서 전시했었다. 또한 철판은 종이와 유사한 성질을 가지고 있어 이화여자대학교 국형걸 교수와 스마트 외장패널(p.57 날카로움과 정확함으로 틈을 내다 참고)을 개발하기 전에 다양한 종이접기 방식에 관한 연구를 진행하기도 했다.

감 철판은 결국 용접이 문제다.

이 용접성이 좋지 않은 강재도 많다. 또 용접한 후엔 반드시 도장을 해야 한다. 이런 한계를 극복하기 위한 다양한 가공 방법과 디자인도 연구하고 있다. 무용접 방식 즉, 콜드 조인트 cold joint 를 개발하고 있다. 볼팅이나 절곡해서 결구하는 방식과 결착이 가능한 프로파일 단면도 디자인하고 있다. 포스코A&C와 작업한 2018평창동계올림픽 미디어레지던스 사례를 통해 보여주고자 한 것은 모듈러와 공장 사전제작, 건식 공법이다. 습식 공사는 인건비가 비싸고 현장에 따라 품질 차이가 크며 시간도 오래 걸린다. 건식 공법이 점점 유리해지고 있다. 라미강판을 활용해 유닛배스 unit bath 도 만들었다. 타일을 한 장 한 장 붙이는 대신 공장에서 통으로 시공해서 인입 infill 한다.

Challenge of Steel

포스아트는 자연재의 모사를 통해 철의 단점을 극복하고 아름다움을 극대화한다.
반투명하게 표현하거나 표면에 엠보처리가 가능하다. 출력방식이라 철판 일부에만
적용할 수 있는 장점도 있다.

감 포스아트에 대해 설명해 달라. 일반 컬러강판과 어떻게 다른가?

이 포스아트는 종이에 잉크젯 프린터로 다양한 디자인을 인쇄하는 것처럼 철판에 출력하는 것이다. 컬러강판이 대형의 롤 강판에 색상을 입히거나 패턴을 만드는 것이라면, 포스아트는 판재에 바로 사진을 출력한다. 규격은 1,200×2,400㎜가 기본이고 설비에 따라 1,300×3,000㎜까지 가능하다.
또 고해상도의 입체스캔 기법과 특수한 엠보용 잉크를 사용해 2~3회 반복해서 인쇄하면 패브릭이나 목재 질감의 입체적인 패턴도 가능하다. 정교하게 구현할 수 있어 내장재나 가구재에 사용하며 디자이너의 자율성을 높이는 장점이 있다.

감 포스아트 제품을 어떻게 활용할 수 있나?

이 먼저 자연재의 모사를 통해 철의 단점을 극복하고 아름다움을 극대화할 수 있다. 또한 철재 본연의 물성과 재질을 잘 살려 반투명으로 표현한다거나 전체 판재 중 일부에만 선별적으로 적용할 수 있다.

감 다른 외장재도 개발하고 있나?

이 주요한 개발 방향은 건축가나 디자이너가 만족하는 진성 소재의 장점을 디자인으로 연결하는 것이다. 현재 외장재는 두께 0.4㎜ 2장을 겹쳐 만든 알루미늄 복합패널을 많이 사용한다. 스틸 복합패널은 절단면이 외부에 노출되면 녹이 생기는데, 포스맥을 사용하면 해결된다. 또한 가격도 저렴하고, 화재에 훨씬 강한 준불연재이면서 평활도가 좋기 때문에 포스아트를 구현하기에 좋다.

감 현재까지 건축가들이나 다양한 협력사와 진행한 프로젝트는 어떤 것이 있나?

이 우리는 건축가나 디자이너에서부터 가공사, 시공사, 지자체 등의 발주처까지 다양한 고객을 만난다. 고객사가 원하는 질감이나 특성을 구현할 수 있도록 돕고, 두 번째로 포스코의 네트워크를 활용해서 시공사나 가공사를 연결하여 함께 고민하고 해결한다.

진행 중인 프로젝트로 포항 청림동 무료급식소의 내부 대공간을 비정형 패널 시스템을 활용해 제작하는 것이 있다. 비정형 디자인 회사인 위드웍스Withworks와 함께 작업 중인데 비정형 패널 시스템은 절곡 없이 시공할 수 있다는 장점이 있다. 지금은 포스아트를 사용해 반복되는 패턴과 무늬 이미지를 어떻게 적용할지 연구 중이다. 또한 사회공헌의 일환으로 화재피해 재난주택을 스틸 하우스로 만들고 있다. 캐노26s 제품을 활용했는데 강판에 플로우코트를 한 것이다. 마치 목재 루버같이 보이는데, 프린트한 제품이라 내구성이 우수하고 시공도 간편하다. 50채 정도 시공했다.
강봉 UL700제품은 기성품보다 얇고 튼튼해 조립형 조인트만 개발하면 훨씬 더 가벼운 가설재도 만들 수 있다. 레어로우와 협업하여 포스아트를 사용한 주방가구나 시스템 벽체가구도 개발 중이다.
인천디자인지원센터와 협약을 통해 3년간 인천 관내에 유망한 중소 스틸 관련 제조사를 선정하여 기술개발을 지원하고 있다. 인페쏘(p.91 차가운 철강을 가르는 날카로운 레이저 참고)나, 주방기기 제조사, 산업용 공기청정기 제작회사나 이동형 금형 디자인 제작회사 등을 지원하고 있고 철재를 활용한 가로 시설물 제작 디자인도 지원했다.

감 앞으로 디자인솔루션팀에서 진행할 프로젝트는?

이 아직 시작 단계라 일단 철강에 집중하고 있지만 앞으로는 모든 기술과 소재가 하이브리드 되어야만 목재와 탄소섬유, 철재와 플라스틱처럼 재료가 가진 서로의 장점을 살릴 수 있다. 일례로 커튼월을 만들 때 강재는 얇게 만들 수 있어 구조재로 활용하고 알루미늄은 가공성이 좋아 코너 부위에 사용한다. 또한 소재의 장점을 활용하는 사람들과 함께 의미 있는 작업을 많이 해보고 싶다.

포스코 가로등 프로젝트

Modular Architecture

유닛을 쌓아 구축하다
2018 평창동계올림픽 미디어레지던스

글 심영규

2018 평창동계올림픽이 끝난 지 3개월이 지난 5월. 얼음도 녹일 것만 같던 뜨거운 열기와 관심은 사라졌지만, 국내 모듈러건축 최전선의 현장을 직접 보기 위해 평창을 찾았다. 대관령면 횡계리에 있는 주경기장은 좌석의 스탠드 해체가 한창이었고 알펜시아 리조트 내 슬로프 한쪽에 자리한 미디어레지던스 건물은 새로운 주인을 기다리고 있었다.

새로운 건축의 가능성

철은 튼튼해 대공간을 세울 수 있고 정확하고 날렵한 가공이 가능하다. 또한 다양한 도금과 도장 기술을 적용해 아름다운 외장재로 활용할 수 있다. 그러나 최근 가장 주목받는 부분은 모듈러건축의 가능성이다. 공장에서 사전 제작하고 현장에서 조립하는 모듈러건축은 다른 재료가 아닌 철로만 가능하기 때문이다. 아직 시장에서는 모듈러건축을 컨테이너를 쌓아 올린 정도만 생각하는 게 일반적이지만 이미 미국에서는 수십 층의 아파트나 기숙사도 짓고 있고 초기 단계지만 실증 사례도 있다.

국내 모듈러건축의 정의는 두 가지다. 건설기술연구원(KICT)은 "주택 자재와 부품 및 구조체 등을 공업화 공법으로 조립 생산하는 주택"으로 정의하며, 국토교통부는 "블록 형태의 유닛 구조체에 창호와 외벽체, 전기배선 및 배관, 욕실 주방가구 등 70% 이상의 부품을 공장에서 제작하고 현장에서 조립하는 주택"으로 좀 더 구체적으로 설명한다. 법적으로는 70% 이상의 공장제작률이 중요한 기준이다. 미디어레지던스는 군산의 공장에서 80~90% 만들어 평창으로 이동해 조립했고 유닛 재사용률도 100%에 이른다. 짧은 올림픽 기간 동안 국내외 미디어 관계자의 숙소로 이용한 뒤 다른 곳으로 이동해 호텔이나 기숙사 등으로 활용할 목적으로 만들었기 때문이다. 이 정도 규모의 모듈러건축은 국내 최초다.

2017년 6월 용지 정리와 착공을 시작한 지 7개월 만인 12월, 전체 면적 1만 305.5㎡의 지상 4층, 300개의 객실을 가진 건물 3동을 완공했다. 현장 기초공사 1개월, 필로티공사 2.5개월, 현장설치 40일, 엘리베이터와 부대공사와 시험 운전까지 2개월 만에 끝낸 것이다. 300개의 객실 유닛, 보일러실 3개, 계단모듈 11개, 홀모듈 11개, 지붕모듈 90개, 외벽모듈

힘을 받는 복도의 기둥과 보 부분은 내진형강 제품(HSA500)을 사용했고(위),
실내의 시스템월과 유닛배스 내부는 포스맥 컬러강판 등을 사용해 포스코의 최신
철강 제품을 모두 적용했다(아래).

복도엔 포스맥 제품을 사용했다.

실내엔 특수 출력한 포스아트 제품을 적용해 마치 패브릭과 같은 질감이 난다.

66개의 모든 제작은 공장에서 4개월 만에 마쳤다.

국내 모듈러건축의 최전선

101동의 1층에는 로비와 홀, 운영 사무실이 있고, 2~4층에는 가운데 복도를 사이에 두고 동쪽 17개, 서쪽 15개로 층당 32개의 객실이 있다. 엘리베이터와 계단실은 서쪽에 있다. 객실 하나의 규격은 3,320×7,000㎜로 23㎡ 남짓한 면적이다. 현관 왼편에 화장실과 샤워실 그리고 작은 주방과 침실이 있는 전형적인 스튜디오 구조다. 입구 반대편 벽은 전체 유리창으로 외부를 조망할 수 있어 좁은 느낌이 덜하다. 포스코A&C의 김용호 과장은 "유닛 외부는 볼팅이 없는 포스맥PosMAC 무도장 패널, 실내 시스템월과 유닛배스 내부는 포스맥 컬러강판, 힘을 받는 기둥과 보 부분은 내진 형강HSA500 제품으로 모두 포스코의 최신 철강 제품을 적용했다"고 설명한다. 고내식강인 포스맥 무도장 패널을 사용해 별도로 도장이 필요 없다. 현장에서 생긴 스크래치도 별도의 외장마감 공사가 필요 없다. 실내 벽은 레로우와 함께 시스템월로 개발해 선반이나 가구 위치를 원하는 대로 조정할 수 있다. 패브릭같이 부드러운 촉감이지만 모두 철재인 포스아트 제품으로 특수 컬러 프린팅 내장재(p.99 거친 철강에 아름다움과 기술을 더하다 참고)를 사용했다. 복도엔 정비구와 수직 배관시설 등이 있고 계단실엔 건물의 외관 사진을 철판에 프린팅한 작품을 전시하고 있었다.

디자인뿐 아니라 성능도 꼼꼼히 따졌다. 현장에서 유닛을 인양할 때의 하중과 이동 시 과속방지턱 등의 충격에 의한 안전성 검증뿐 아니라 지진에 대한 테스트까지 마쳤다. 기밀성능과 에너지 시뮬레이션을 통해 단열성능도 맞췄다. 단열성능은 온도차이비율(TDR)이 0.23 이하, 열관류율이 외벽 0.13과 바닥 0.23이고 삼중창을 사용했다. 철강의 큰 단점 중 하나는 텅텅거리는 소리다. 이곳은 중량충격음일 때 49db(4등급), 경량충격음일 때 42db(1등급)로 법적 기준치를 만족한다. 층간소음뿐 아니라 옆 객실과도 큰 문제가 없어 보인다.

모듈러건축의 현재와 미래

다시 모듈러건축의 장점으로 돌아오자. 노동 집약적이고 현장 중심인 습식 공법에서 기술 집약적이고 공장 중심형인 건식 공법으로 대체되면 현장의 효율성과 비용 절감과 같은 1차적 장점뿐 아니라 재활용이나 친환경에도 유리하다. 일정관리도 쉽고 시공의 정확도가 높아 인력과 비용의 낭비도 줄인다. 표준화, 규격화, 대량생산이 가능해 건축을 시스템화할 수 있다.

미디어레지던스의 경우 아직 습식 공사에 비해 공사비가 높지만 향후 재활용을 생각한다면 비용 절감 효과도 기대할 만하다. 물론 단점도 있다. 101동의 1층을 제외하고 객실로만 이뤄져 있고 객실 같은 단순한 형태라는 점, 아직 다양한 디자인과 적용 사례가 더 필요한 부분이다.

한편 포스코 A&C는 가양동 모듈러 행복주택도 설계했다. 미디어레지던스가 RBRelocatable Building Unit 타입으로 현장설치 후 부지를 이동하며 재활용한다면 가양동 모듈러 행복주택은 영구적으로 건축물을 존치하는데 목적을 두어 현장에서 가설비계를 설치해 외장을 마감하는 PMCPermanent Modular Construction 방식으로 시공했다. 기존의 RC공사 대비 시공기간이 50%정도 줄어들고 공장 대량생산으로 균일한 품질을 확보할 수 있어 소형 주택 공급에 유리하다. 가양동의 경우 공장제작률은 60~70%에 달하며, 보일러와 피난용 벽체, 복도가 함께 있다.

공장 제작부터 현장 시공까지

현장 기초공사 1개월, 필로티 공사 2.5개월, 현장 설치 40일, 엘리베이터와 부대 공사 그리고 시험 운전까지 2개월 만에 마쳤다. 7개월 만에 전체 면적 1만 305.5㎡의 지상 4층 300개의 객실을 가진 건물 3동을 완성한 것이다.

① 현장 기초 및 필로티 공사　　② 구조체 제작　　③ 상차 및 현장 이동
④ 유닛 체결　　⑤ 현장 조립　　⑥ 부대 공사 및 시운전

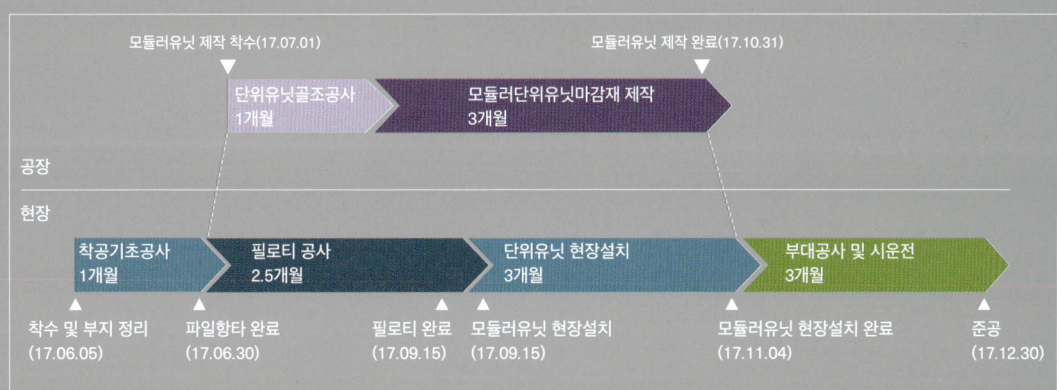

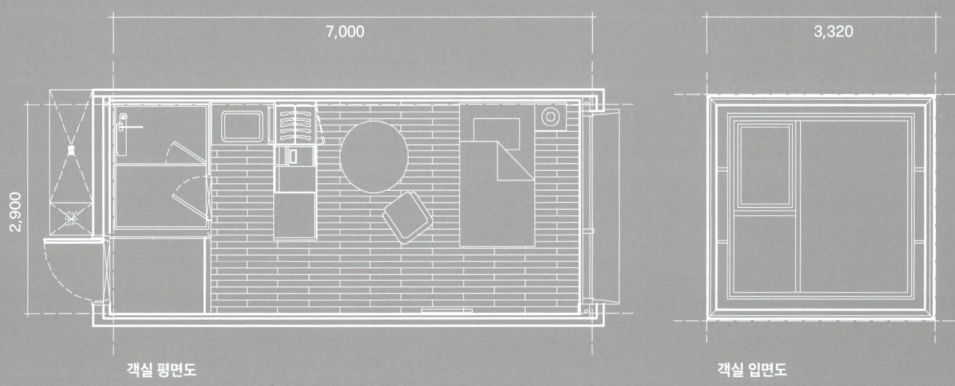

객실 평면도　　객실 입면도

Challenge of Steel　　107

Earthquake Resistant Steel

지진에 강한 철을 만들다
현대제철 신수요개발1팀 조범수 팀장

인터뷰 심영규

내진용 철강재는 지진의 충격을 흡수해 지각의 흔들림에 유연하게 대응하는 성능을 지닌 제품으로, 일반 강재보다 외부 충격으로부터의 안진도를 높인다. 현대제철은 인천공장에서는 주로 형강을 만들다 당진에 일관제철소를 세운 후 판재도 생산한다. 이후 하이스코와 합병하면서 강관도 만들게 됐다. 현대제철은 통합 브랜드인 에이치코어(H-CORE)로 내진용 형강, 철근, 강관, 후판의 포트폴리오를 갖추게 됐다.

현대제철 포항공장 전경.

내진건축 구조용 압연강재 Seismic Resistance Steel 란?

지진이나 태풍으로 건물 구조가 변형되거나 붕괴될 가능성이 있을 때 이를 견디는 철강재이다. 일반구조용강 SS, Steel Structure, 용접구조용강 SM, Steel Marine 보다 내성이 우수하고 소성 변형 능력이 큰 고항복강으로 건물의 취성파괴를 방지한다. SS나 SM은 KS에서 항복강도의 하한치만 규정하고 있으나 내진 강재는 항복강도의 상·하한치를 모두 규정한다. 기존의 명칭인 SS나 SM 뒤에 새롭다는 의미의 'New'와 뒤에 인장강도를 덧붙여 표기한다.

형강은 SHN(내진건축 구조용 압연H빔강재, Steel H-Beam New) 규격으로, KS는 SHN400A, SHN400B, SHN400C, SHN490B, SHN490C 다섯 종류가 있다. 후판은 SN400A, SN400B, SN490B, SN490C 네 종류가 있다.

단면이 둥근 환봉은 SNR Steel New Round, 원형강관은 SNT Steel New Tube, 사각강관은 SNRT Steel New Rectangular Tube 로 표기한다.

감씨(감) 현대제철이 H-CORE 개발을 기획하게 된 배경과 시기는?

조범수(조) 개발한 시기는 제품마다 다르다. 현대제철은 1990년 말부터 지진이 잦은 일본과 미국을 벤치마킹해 개발 방향을 잡았다. 주요 건축 구조 부재로 많이 사용되는 H형강의 경우, 내진용 형강(SHN490)은 2003년 개발을 완료하고 2005년 본격적으로 양산했다. 내진용 후판(SN재)은 당진제철소 건립과 함께 2010년부터 생산을 시작하였으며, 내진용 강관(SNT재)은 2014년부터 양산하고 있다. 이후 2016년 고강도 내진용 철근(항복강도 500㎫급/600㎫급)을 개발, 양산하면서 내진용 강재에 관한 통합제품군을 구축했다. 이를 토대로 2017년 내진용 강재에 대한 브랜드 H-CORE를 론칭했다. 내진용 형강·강관 제품의 고강도화를 위하여 항복강도 460㎫, 인장강도 570㎫ 제품을 개발 중이다.

감 내진용 강재를 개발하게 된 배경은 무엇인가?

조 미국은 1994년 LA 노스리지 지진, 일본은 1995년 고베 지진을 겪으면서 내진 강재로서 필요한 성능을 정립하고 이를 지키도록 규제하고 있다. 그러나 국내 내진설계의 경우 내진용 강재 적용에 대해 일부 횡력저항시스템 설계에만 필수 사용 규정이 있을 뿐, 일반 건축물을 대상으로 하는 의무 규정이 없으며, 엔지니어의 판단에 의하여 강재의 종류를 선정한다.

2006년 400t이던 내진용 강재 공급량은 지난해 약 110만t으로 확대되었다.

현대제철은 미국과 일본에도 없는 고강도 내진용 형강과 강관을 개발하고 있다.

형강은 강도와 충격흡수율이 뛰어나 건축에서 뼈대가 되는 중요한 구조재다.

감 매출량은 얼마이며 주로 어떤 곳에 쓰이나?

조 현대제철은 2006년 400t이던 내진용 강재 공급량이 지난해 약 110만t으로 확대되었다. 내진용 강재는 잠실 롯데월드타워(SHN), 여의도 IFC(SHN), 일산 킨텍스 제2전시관(SHN), 한국전력기술 신사옥(SHN, SNT, SD400S) 등 국내뿐만 아니라 아프리카 가나의 타코리다 화력발전소(SD400S)나 남극 장보고기지(SHN355) 등 극한의 환경에 건설된 구조물에도 널리 사용하고 있다. 또한 경주와 포항 지진으로 2017년 12월부터 2층 이상, 연면적 200㎡ 이상인 건물의 내진설계가 의무화되면서 내진용 강재에 대한 수요는 더욱 늘어날 것으로 보인다.

감 내진 강재는 기존 제품과 비교해 어떻게 다른가?

조 건축물의 내진설계가 설계자의 의도대로 내진 성능을 발휘하기 위해서는 재료도 일반 재료에 비해 추가적인 성능을 확보하고 보증해야 한다. 내진용 강재의 경우 항복비(인장강도에 대한 항복강도의 비), 연신율(elongation, 延伸率, EL), 항복강도의 상·하한치, 샤르피충격치 Charpy impact value, 탄소당량(carbon equivalent, CEQ) 등의 기계적, 화학적 특성을 규정하고 관리하고 있다.

내진용 강재는 지진이 발생했을 때 힘과 변형에 대하여 건축 구조부재로서 추가적인 안정성을 확보함을 뜻한다. 항복비는 부재가 항복강도(설계강도)에 도달한 이후에도 인장강도까지의 잉여력을 확보해야 한다. 연신율은 부재의 변형에 대한 확보를 뜻한다. 샤르피충격치는 온도에 따른 에너지 흡수 능력으로 이는 지진에너지와 같은 갑작스러운 충격에너지의 흡수에 관여한다. 이러한 특성은 모두 지진이 발생했을 때 건축물의 대변형을 유도하여 인명 대피 시간을 확보하도록 기여하고 있다. 항복강도의 상·하한치는 강재의 철저한 품질관리를 통하여 엔지니어의 의도대로 내진설계의 시나리오를 따를 수 있도록 하여 의도치 않은 붕괴 메커니즘의 위험을 최소화한다.

탄소당량은 용접성에 영향을 미치는 원소를 파악하고 관리함으로써 강재의 용접성을 확보하는 데 기여한다.

감 국내법상으로는 이미 내진설계 규정이 있다. 그럼에도 왜 내진 강재가 중요한가?

조 지진의 경우, 건축물에 적용하는 다른 하중들과는 달리 너무도 큰 하중이다. 때문에 지진이 발생했을 때 건축물이 아무런 손상도 입지 않도록 설계하기 위해서는 엄청난 물량이 소모된다. 그래서 어느 정도의 건축물 손상은 감안하고 적어도 인명피해는 없어야 한다는 것이 내진설계의 철학 중 하나다.

인명피해를 최소화하기 위해서는 건물에 균열이 가거나 일부 변형이 생기더라도 붕괴되지 않아야 하고, 만약 예상치 못한 큰 지진에 의해 붕괴가 되더라도 사람들이 대피할 시간을 벌어줘야 한다. 이 두 가지 경우 모두 재료의 역할이 중요하다. 예를 들어 건축물이 붕괴되지 않고 오래

내진용 강관(SNT재)은 2014년부터 양산하고 있다. 이후 2016년 고강도 내진용 철근(항복강도 500㎫급/600㎫급)을 개발, 양산했다.

내진용 강재는 잠실롯데월드타워(SHN), 여의도 IFC(SHN), 일산 킨텍스 제2전시관(SHN), 한국전력기술 신사옥(SHN, SNT, SD400S) 등 국내뿐만 아니라 아프리카 가나의 타코리디 화력발전소(SD400S) 등 극한의 환경에 건설된 구조물에도 널리 사용하고 있다.

버티려면 연성이 큰 재료가 필요하다. H-CORE는 "국내 모든 건축물이 안전해야 한다"는 생각에서 출발했다. 내진용 강재는 지진과 같이 불확실한 위험에 대하여 안전에 대한 연성 능력을 충분히 확보하고 있다고 할 수 있다.

감 국내 내진 강재의 개발 정도는?
조 일반적으로 건설용 강재는 고객 요구에 대응하여 빨리 개발해서 바로 사용하기가 어렵다. 건설용 강재의 개발에 있어서, 산업규격인 KS와 건축구조기준(KBC)에 맞춰 현장에서 사용하려면 최소 3~5년 이상 걸리고, 시장에서 고객이 새로운 제품으로 인식하고 적용하는 데에는 10년 이상 걸린다. 내진용 강재가 국내시장에서 정착되고 활성화되기 위해서는 수요자의 인식이 중요하다. 현재 내진용 형강에 대한 인식은 상당히 개선된 편으로 많은 구조엔지니어들이 다양한 건축 프로젝트에 내진용 형강을 적용하고 있다.

감 제품의 강점과 특징에 대해 구체적으로 말해 달라.
조 현대제철의 장점은 통합 제품군 구축이다. 형강, 후판, 강관, 철근 등 모든 포트폴리오를 생산하고 있으며, 다양한 형상의 강종과 규격에 대한 대응이 가능하다. 기술 개발적인 측면에서 이야기 하자면, 미국과 일본에도 없는 고강도 내진용 형강과 강관을 개발하고 있다.

감 앞으로 국내 내진 강재의 미래는?
조 지진하중에 효율적이고 안전하게 저항하기 위해서는 가볍고 연성이 좋은 재료, 그리고 설계자가 가정한 강도에 대한 신뢰도가 높은 재료인 내진용 강재가 필요하다. 국내 지진의 위험도가 높아지고 안전에 대한 관심이 집중되면서 내진용 강재의 중요성은 점점 더 커져가고 있다. 그러나 아직까지는 내진설계와 내진용 강재를 사용하는 것의 차이를 구별하지 못하는 것이 현실이다. 수요자가 건축물을 고를 때 비싼 내장재를 썼는지 안 썼는지는 볼 수 있지만, 구조의 안전성은 확인할 방법이 없다. 구조재는 눈에 보이지 않기 때문이다. 그러나 경주와 포항 지진을 경험하면서 건축시장에서 수요자의 인식이 빠른 속도로 변하고 있다. 현대제철은 국내에서 유일하게 전기로와 고로를 통한 내진용 강재 통합 제품군의 개발과 생산이 가능한 곳이다. 현재 건축 트렌드에 발맞추어 내진용 강재의 고강도화, 대형화, 복합성능화 등 다양한 수요에 선행하여 개발하고 양산체계를 구축하는 데에 앞장서고 있다.

City with Colorful Steel

도시의 색과 디자인을 바꾸다
동국제강 신사업개발팀 박영준 팀장

인터뷰 심영규

건축재료로서 철강재의 주요 용도는 구조재와 외장재다. 철강 외장재는 공장에서 미리 제작하여 현장에서 모듈로 조립하는 게 가능해 넓은 면적을 효율적으로 시공할 수 있다. 최근 다양한 도금, 도장 기술이 개발되며 철강의 단점을 극복한 외장재가 주목을 받고 있다. 동국제강의 컬러강판 브랜드인 럭스틸은 2011년 론칭한 이후 지난해 75만t을 생산할 정도로 급성장했다.

심씨(심) 지금까지 철강재는 주로 구조재로 사용됐으나 내구성이나 강성이 보완되며 외장재로서의 가능성도 주목받고 있다.

박영준(박) 일반적으로 철강재를 외장재로 사용하는 방식은 상자 형태로 접어서 목재나 대리석을 모사하는 것이다. 최근에는 자연재를 흉내내는 것을 넘어서 강재의 특성을 살리는 방향으로 발전하고 있다. 철강은 목재나 석재와 달리 크게 원판으로 사용해 웅장함을 표현할 수 있지만, 동시에 처짐으로 인해 평활도에 문제가 생긴다. 그래서 골강판을 개발해 평활도 문제를 해결했다. 럭스틸은 스크래칭이나 타공을 할 때 절단된 면의 노출 부위가 부식되는 것을 해결하기 위해 3원계 도금원판GLX(p.39 녹슬지 않는 디자인을 입히다 참고)을 사용한다. 이는 25년 동안 품질을 보증하며 녹이 생기지 않고 빗물에 의한 오염이 적다.

감 처음 론칭했을 때가 2011년이다. 짧은 시간에 건축 외장재로 주목받았다.

박 'Steel meets Art'라는 콘셉트로 기존에 있던 컬러강판을 새로 브랜딩하고 다양한 색상과 무늬 등의 디자인을 입히는 데 주력했다. 이후 본격적으로 외장재 시장에 뛰어들었고 건축가들의 요구를 맞추가며 2014년 새롭게 리뉴얼했다. 'Maxmizing Creativity'라고 정의한 아키텍처 에디션을 선보이기도 했다. 이제는 하나의 건자재가 아니라 통합 빌딩 솔루션으로 발전해 시공 디테일까지 제공한다. 시공사 면허가 있어 필요에 따라 시공까지 협력한다. 줄눈과 힌지의 디테일과 현장에서 발생하는 시공오차에 대응할 수 있는 다양한 도면은 물론 분야별 전문 시공 업체 리스트도 갖추고 있다.

감 일반 컬러강판과 럭스틸의 차이점은 무엇인가?

박 컬러강판은 철판의 물성, 도금 기술, 내후성을 위한 도장 기술, 표면을 보호하는 필름 이렇게 네 가지 기술이 중요하다. 우리는 두 가지의 원천기술을 가지고 있다. 럭스틸은 내후성과 내식성을 위해 마그네슘합금도금강판GLX을 사용한다. 알루미늄(55%), 아연마그네슘(43.4%), 실리콘(1.6%)을 용융한 3원소계 도금으로 열반사성과 도장성이 우수하다. 건축에서 외장재로 많이 쓰이는 알루미늄 패널의 경우 40μ 코팅이 기본이다. 알루미늄 대신 럭스틸을 사용하면 내식성은 도금 기술로 커버하고, 선도장이기 때문에 보호필름을 붙여야 한다. 저가형 투명지융성 보호필름을 붙였던 기존의 컬러강판에는 두 가지 문제가 있었다. 첫 번째로 내구성이 약해서 가공할 때 쉽게 손상되고, 두 번째로 시공하는 동안 변형이 생긴다. 접착제가 변성돼 잘 떨어지지 않거나 바스러지기도 한다. 이를 보호하기 위해 럭스틸은 고가의 스테인리스스틸에 붙이던 보호필름인 러버타입 필름을 붙인다.

자동 적재 창고인 나이트트레인의 250개 방에서 250가지 종류의 판재를 750t까지 적재할 수 있다.

철강재를 기준으로 두께는 1.6㎜, 폭 1,250㎜, 길이 6.4m까지 제작 가능하고 오차 범위는 1㎜ 이하다.

이미 럭스틸의 기술력은 시장에서 검증되었다. 알루미늄, 복합패널, 대리석으로 천편일률적이던 기존 외장재 시장을 새롭게 바꿨다.

감 빌딩 통합 솔루션이란 무엇인가?

박 골강판과 평판이 만나는 부분의 디테일과 결합 부위 형태, 힌지, 줄눈 등에 대한 디자인과 시공 노하우가 중요하다. 가공 과정에서 생기는 오차는 현장에서 대응해야 하는데, 여러 시행착오를 겪으면서 경험을 쌓다 보니 도면을 많이 가지고 있다. 특히 철판과 철판이 연결되는 줄눈의 경우 기존 실리콘 코킹 마감보다 오픈조인트 방식으로 끼우는 시공을 선호한다. 이중외피의 경우도 마찬가지다. 내부에서 먼저 치수 마감한 뒤 외부에 럭스틸을 붙이는데 주로 리모델링 프로젝트에 적합하다. 세운상가 리모델링, 창원의 벤츠 매장은 4~5층 건물의 내외부를 모두 럭스틸로 마감했다.

감 제품 개발에서 빌딩 솔루션 센터 완공까지 일괄 생산 시스템을 갖췄다.

박 2011년 럭스틸을 론칭하고 2012년 M1프로젝트를 통해 외장 시공 분야, M2프로젝트를 통해 1차 기본금속 가공업에 진출했다. 그리고 2017년 최신식 가공설비를 추가로 도입하여 M프로젝트의 마지막 단계인 럭스틸 빌딩 솔루션 센터를 완성했다. 이로써 원자재를 공급하는 소재 솔루션부터 주문 제작하는 가공 솔루션, 시공을 하는 서비스 솔루션까지 일괄적인 단계를 갖추게 되었다.

자동 적재 창고인 나이트트레인의 250개 방에서 250가지 종류의 판재를 750t까지 적재할 수 있다. 다품종 소량생산 체제로 단판만 주문하는 고객도 대응하기 위해서다. 또한 공장의 가공기계가 모두 대형이라 건축 분야 전용설비로 2.7m 정도의 한 층 층고에 맞춰 가공하는 것도 가능하다. 다른 데보다 1.5배 이상 크고 안목치수 기준으로 1,500×3,000㎜까지 가능하다. 라인 전용 자동화설비가 가장 핵심이다. 철강재 기준으로 두께 1.6㎜, 폭 1,250㎜, 길이 6.4m까지 제작 가능하고 오차범위가 1㎜ 이하다. 이렇게 되면 한 판으로 2개 층까지 시공할 수 있다.

감 앞으로 새로운 외장재로서의 가능성은?

박 앞서 언급한 대로 3D 라인 패널은 디자인부터 생산까지 100% 자동화 설비를 갖추었다. 이제 가속도가 붙는다. 라인 패널 자체가 구조체다 보니 접합 부위만 있으면 시공 디테일이 간단하다. 외장재로서 새로운 가능성이 열린 것이다. 골형태도 직각, 산형, 180˚ 반원형 모두 가능하다. 2D였던 골강판이 이제 길이 방향만이 아니라 3D로 넘어가고 있다. 앞으로 시장에 선보일 럭스틸플러스는 3D제품이다.

친환경도 대세다. 기존의 분체도장 시스템은 환경오염 문제가 있어 도장공장은 이제 허가조차 내기 어렵다. 선도장은 품질제어가 가능하다. 유통은 샌드위치 패널, 방화문을 제외하고 모두 직접 발주하기 때문에 철저하게 품질을 관리한다.

감 제품부터 주문자 생산, 시공 도면까지 제공하면 가격이 비싸지 않나?

박 럭스틸을 통해 전체 가공비를 낮추는 게 목적이다. 인테리어 같은 작은 시공 현장이라도 도면만 보내주면 원하는 대로 가공해 보내준다. 작은 규모의 현장에 대응하기 위해 대형 자동 적재창고를 만든 것이다. 한두 장의 낱장 주문도 가능하다. 기존엔 수작업으로 했기 때문에 제품에 오차가 있고 가격이 비쌌다. 이 문제를 해결한 것이다.

제품부터 현장도면 지원까지 가능해 누구나 손쉽게 적용할 수 있다. 국내의 설비로 구현이 어려웠던 육각이나 팔각 디자인 등 다각형 형태는 물론 이제 비정형도 패널화가 가능하다.

철판과 철판이 연결되는 줄눈의 경우 기존 실리콘 코킹 마감보다 오픈조인트 방식으로 끼우는 시공을 선호한다.

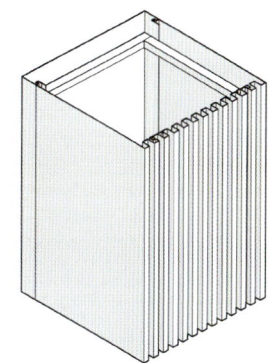

창원 벤츠매장 실내 기둥에 럭스틸을 적용한 사례

Challenge of Steel

The Future of Smart Cable Architecture

스마트 케이블 건축의 미래를 꿈꾸다

고려제강 박남준 마스터

인터뷰 심영규

고려제강은 철강 선재를 주력으로 생산하는 기업으로 국내 경강 선재 업체 중 점유율 1위이다. 케이블은 교량이나 토목뿐 아니라 건축용으로도 많이 쓰이고 2000년대 이후 꾸준히 성장 중이다. 세계적 추세인 경량화에 맞춰 고내식성과 고강도화 제품 개발에 힘쓰고 있다.

감씨(감) 국내와 세계 시장에서 고려제강이 가진 기술력과 강점에 대해 설명해 달라.

박남준(박) 고려제강은 1961년 창업 이후 30년간 꾸준히 세계화를 진행해왔다. 1988년 말레이시아 진출을 시작으로 베트남과 중국에 공장을 짓고 고강도 고내식성 제품을 생산해 현재 70%를 수출하고 있다. 이제 국내 기업과 경쟁하지 않는다(웃음). 해외사와 비교해도 손색없고, 고인장, 고강도, 고장력 특수 구조의 제품을 꾸준히 개발하고 있다. 특히 교량은 2000년대 중반부터 선도적인 역할을 하고 있다. 1,960Mpi의 케이블 제품을 울산대교(2015)에 공급했다. 알루미늄을 첨가한 고내식성 제품으로 바닷가에 있는 광양의 이순신대교(2013)에 최초로 적용했고 이후 중국에도 공급했다. 건축 분야는 월드컵이나 올림픽같이 경기장 건설 특수가 있는데 2000년대에 본격적으로 진출했다. 현재 전 세계에서 중국이 가장 큰 시장이다.

감 최근 철강산업의 변화에 따른 고려제강의 대응은?

박 아시아를 중심으로 세계적으로 경기가 활황이다. 이런 시기엔 기반시설에 대한 투자가 많다. 가장 빠른 효과를 발휘하는 경기부양책이기 때문이다. 최근 터키 서안 차나칼레주의 랍세키와 겔리볼루를 연결하는 3,623m 길이의 현수교를 건설 중인데 고강도, 고내식 케이블 와이어 3만 4천t을 공급한다.

와이어를 사용한 새로운 랜드마크 구조물도 있는데, 최근에 아랍에미리트에 높이 1km에 달하는 두바이 크릭 하버 타워 The Tower at Dubai Creek Harbour를 계획 중이다. 산티아고 칼라트라바가 디자인한 것으로 2020년 두바이 엑스포를 앞두고 50만 평의 신도시 가운데 들어가는 상징탑이다. 이 타워는 700m에 달하는 와이어 2만t이 들어가는 구조물로 15.7Ø의 아연 도금 PC 강연선 수백 가닥을 다발로 만들고 내부에 LED 조명까지 넣을 수 있다. 마치 다리를 수직으로 세운 것과 같다. 이렇게 길이가 길어지고 높이가 높아지다보니 경량화된 케이블이 필요하게 되었다.

이제 단순히 재료 공급만으로는 한계가 있다. 구조, 철골, 시공, 건설 업체가 컨소시엄을 구성하는데 아직 한국은 경쟁력이 높지 않다. 이탈리아, 독일, 영국은 앞선 기술의 구조회사와 자재회사가 많다.

감 국내 케이블 구조 건축은 아직 걸음마 단계다.

박 건축용은 아직까지 전체 매출의 10% 정도로 크지 않다. 구조물과 건축에 들어가는 제품은 요구 성능이 까다롭다. 건축용은 PC강연선과 각종 와이어로프가 있는데 별도의 기준을 만족해야 한다. 인명과 관계가 있기 때문에 장기간 당겨도 늘어나면 안 된다. 사용하는 위치에 따라 제품 종류가 다르고 한 구조물에도 케이블만 수십 가지가 들어간다.

1993년 대전엑스포의 포스코 소재관을 설계할 당시 해외 구조가가 케이블을 사용해 벽구조를 설계했다. 그때 건축용으로 처음 납품했고 2002년 한일 월드컵을 유치해 경기장을 지으면서 건축 분야에 진출했다. 상암 월드컵 경기장, 수원 경기장, 서귀포 경기장, 울산 문수경기장 등 국내 경기장 10개 중 6개의 월드컵 경기장을 케이블을 이용한 막구조로 설계했고 케이블을 공급했다. 최근에 구조 기술이 발전하면서 본격적으로 사용되기 시작했다.

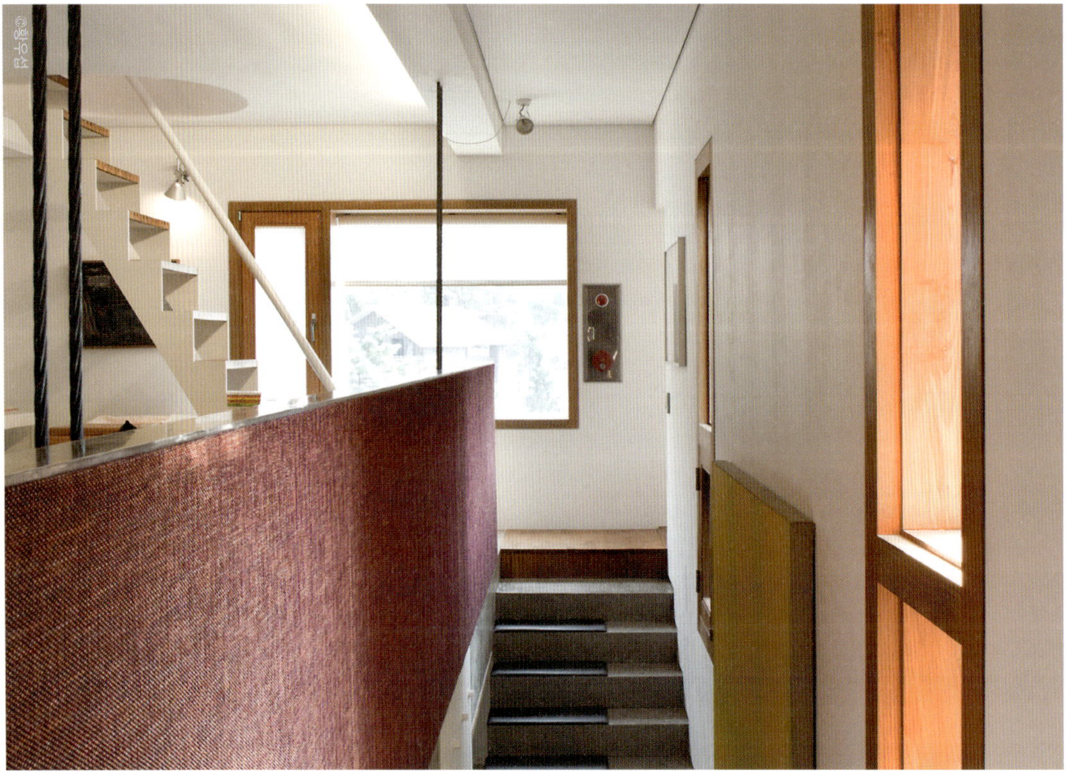

조병수건축연구소에서 설계한 평창동 주택은 1층 로비 위에 13m의 다리를 와이어로 만들었다.

감 구체적으로 건축에 적용한 사례는?
박 케이블 구조는 공항이나 각종 경기장, 체육관, 특수한 디자인의 건축물, 교량에 널리 쓰인다. 부산 벡스코나 해양박물관에도 적용했다. 항공기 격납고 등 장스팬 공간에도 많이 사용한다. 슬래브나 보 등 구조체에 프리텐션과 포스트텐션 구조로 케이블을 많이 쓴다. 주택에도 적용한 사례가 있다. 1996년도에 건축가 조병수를 만나 아이디어를 나누며 와이어를 활용한 건축을 시도했다. 평창동 주택은 1층 로비 위에 13m의 다리를 와이어로 만들었다. 이후 구기동 주택에도 케이블로 벽체의 구조를 설계했고 2010년 부산에는 키스와이어 오피스와 뮤지엄 등을 기획했다. 짧은 거리를 연결하는 구조는 철강봉이 간단하지만 묵직하고 답답하다. 케이블은 시야가 트이고 긴 거리에 유리하다. 특히 구조체의 간격이 7~10m를 넘어가면 케이블이 적합하다.
그러나 국내에서는 아직까지 건축가나 건축주의 인식이 부족하다. 새로운 시도를 잘 하지 않기 때문이다. 가까운 중국만 해도 대공간은 모두 케이블 구조로 한다. 주택이나 컨벤션센터, 인테리어도 많이 한다. 상하이 공항은 내부에 폴리에틸렌으로 코팅한 케이블을 사용했다. 싱가포르 창이 공항의 제4 터미널에 케이블을 활용한 작업도 있다.

감 앞으로의 시장 변화에 따른 건축이나 건설에서 와이어의 새로운 가능성은?
박 특히 독일, 영국, 프랑스의 기술이 앞서 있는데, 건축과 토목의 구조설계를 학제 간 구분 없이 배우기 때문에 전문 기술자가 많다. 기본 소재가 발달해 있고 콘셉트 구조가 다양하다 보니 아이디어가 풍부하고 수준이 높다.
앞으로 해양이나 유전, 플랜트 쪽으로 발전 가능성이 높다. 현재 철강시장은 섬유나 플라스틱 같은 복합소재에 잠식당하고 있다. 그래서 앞으로 다른 분야를 개발하려고 한다. 요새는 '스마트'란 말을 많이 쓴다. '스마트 케이블'을 활용해 기반시설에 적용할 수 있다. 예를 들어 일반 터널은 땅을 파거나 상자를 지하에 매설하는데 스마트 터널은 심해 중간에 구조물을 띄운다. 해면에서 80~100m 정도 깊이에 복합소재 구조물을 만들어 해면과 심해를 케이블로 연결한다. 파도와 충격에 견딜 수 있는 구조다.
앞으로는 케이블뿐 아니라 복합소재가 많이 쓰일 것이다. 구조 융합, 재료 융합으로 구조와 재료를 일체화시켜 운영해야 한다. 일반적으로 콘크리트나 철강 대형 구조물에 대한 혐오감이 있다. 케이블이 우리 주변에 많기 때문에 일상의 재료로 다가가야 한다. 그래서 케이블과 철강을 친숙하게 만들기 위해 F1963도 기획했다. 주택도 보통 목재나 콘크리트를 주로 사용하는데 케이블을 활용하면 독특한 디자인이 가능하다.

박남준
고려제강 마스터

동부산대학교 금속공학과를 졸업하고 1978년 고려제강에 입사해 만 40년을 근무했다. 부산 기술연구소에서 근무하다가 1993년부터 엔지니어링 마케팅을 했다. 서해대교, 인천영종대교, 광안대교의 와이어를 국산화했고 포스코와 소재개발 프로젝트를 진행했다. 기초 앵커에 관한 연구를 진행했다.

건축용은 PC강연선과 각종 와이어로프가 있는데 별도의 기준을 만족해야 한다.

Challenge of Steel

Revolution of Steel

새로운 철의 수요와 시장 글 심영규

철은 건축 뿐 아니라 가구 같은 생활용품, 예술 작품의 소재로도 많이 쓰인다. 모두 철이 가진 단단함과 강성 그리고 우수한 가공성 때문이다.
조각가 김병호는 철이 가진 특성을 활용해 용접이나 볼트 대신 정밀하게 가공해 끼워 맞추는 방식을 택한다. 그 과정에서 디자인뿐 아니라 가공과 도장 등 모든 공정에 적극적으로 개입한다.
철로 가구를 만드는 레어로우는 단순히 철을 임가공 하는 차원을 넘어서 시스템 가구를 만드는 등 전문 디자인 회사를 지향한다. 철재의 가장 큰 장점인 모듈화와 얇고 강한 특성을 최대한 활용한 것이다.

수윤김쑹

Interview 1
인공의 정밀함 속 순수한 아름다움
조각가 김병호

인터뷰 심영규

조각가 김병호는 현대의 대량생산 시스템에서 생산되는 기성품의 흔적을 최대한 지우고 아름다운 인공의 조형물을 만들고 발견한다. 그의 작품은 때로는 기존 건축물의 기둥이나 외피와 같이 일부가 되기도 하고 때로는 마치 원래 하나였던 것처럼 보이기도 한다. 그는 건축가와 다양한 방식으로 협업해 철강과 금속이 지닌 매력을 최대한으로 끌어올린다.

갑씨(갑) 작업 초기인 2005, 6년부터 주로 금속과 철강을 소재로 작업해왔다. 특별한 계기가 있나? 철이 가진 매력은 무엇인가?

김병호(김) 평면 예술을 전공하고 미디어를 공부했지만, 생각을 작품으로 표현하기 위해서는 입체적인 작업이 필요했다. 조각과 설치를 하기로 마음먹고 처음 사용했던 재료는 손으로 다루기 쉬운 알루미늄과 황동이었다. 이후 작품이 야외에 설치되고 크기가 커지면서 내구성이 필요하다 보니 본격적으로 철을 사용하게 됐다. 철은 자연재료만으로 이루어진 순수한 재료다. 그리고 그 단단함과 강성으로, 예술적 재료로서 영원함에 대한 접근이 수월하다. 또 0.001㎜까지 예리하게 가공이 가능하고 정밀한 부분까지 제어해야 하니 주도면밀해야 한다. 오차를 허용하지 않는 합리적 대량생산 시스템에 익숙해진 현대사회의 예술이 가질 수 있는 특징을 잘 드러낸다.

갑 인류와 문명의 재료를 기계적 시스템으로 모듈, 즉 부품으로 만들고 이를 조립한다고 말했다. 그래서 일견 작업이 건축적으로 보인다.

김 맞다. 내 작업은 화이트 큐브 속 단독의 오브제가 아니다. 항상 어떤 환경에 놓일지 고민한다. 그것은 공간에 대한 관심이다. 건축과 도시에서는 물리적인 틀을 규정해 사람의 활동과 동선을 제약한다. 많은 사람이 함께 생활하기 위해 다양한 규칙과 규율, 정비된 건물, 아파트와 같이 합리적인 모듈이 필요하다. 내 작업에선 이성적 합리가 가장 중요한데 그 부분이 건축과 잘 통한다. 많은 건축가들과 협업하는 것도 내 작품이 단순히 건물을 장식하기 위한 목적이 아니라 공간의 태생부터 같이 고민하고 생각한다는 의미다.

작업실의 철제 작품 일부.

갑 알루미늄, 황동, 스테인리스 스틸, 갈바륨 등 다양한 금속을 사용한다. 소재에 따른 작업에 차이가 있나?

김 비철은 제련이 쉽고 가공성이 좋아 초기에 황동을 많이 썼다. 이는 군악대의 악기나 훈장, 휘장, 깃봉처럼 보수적이고 권위적이면서 기념비성을 내세우기에 적절한 재료이기 때문이다. 외부에서 작업할 땐 다양한 환경적 요인과 기상 변화 속에서 구조적 안전을 확보하기 위해 주로 철강을 사용한다. 광도가 높은 색상의 작품은 표면을 갈아내는 과정을 거친 후 캔디도장 candy painting 하지만, 매트한 도장일 경우에는 강관용보다 구조용을 주로 쓴다. 도장은 일종의 화학적 코팅이다. 재료의 성질이

Challenge of Steel

부산 센텀 신세계몰 옥상정원에 설치된 '수직정원.(2016)'

현대자동차 남부서비스센터는 건물 둘레만 약 550m인데 28m 높이의 89.1Φ 알루미늄 파이프 1,888개를 둘렀다.

작품에서 중요한 비중을 차지하지 않을 때에 작품의 성격을 적극적으로 표현하기
위해서 사용한다.

갑 각 소재에 따라 세부적인 유통과 설계 방법 그리고 가공과 후처리 방법이
달라질 것이다.
김 처음에 작업을 구상하고 드로잉을 한다. 많은 작가들이 제작자에게 그냥
맡기지만, 예술적 드로잉은 컴퓨터 도면으로 완성되므로 도면부터 이후 공정별
제작 과정까지 직접 참여한다. 자재를 수급, 가공하고 도장하는 모든 공정을 직접
진행한다. 이렇게 많은 사람과 함께 작업하는 이유는 그들이 단순히 내 작업을
구현하는 사람이 아니라 현대사회의 제조 시스템에 속한 한 명으로서 함께
만들어간다고 생각하기 때문이다.

갑 설계되는 모듈은 특정 형태의 차용이 아닌 수직수평으로 잘 연결할 수 있는
관계성에 의해 디자인된다고 했다. 재료와 규격, 구조와 체결 방식은 어떻게
결정하나?
김 연필 드로잉 이후 도면화 과정을 거치면서 세부적인 디테일이 바뀐다. 작품의
외형에는 큰 변화가 없지만 재료나 적절한 가공 방법에 맞추어 세밀한 부분이
합리적으로 구체화된다. 디자이너와 협력할 수 있는 도구인 캐드, 카티아, 라이노
등의 프로그램을 사용한다. 체결 방식은 몇 가지가 있다. 용접은 마감 상태가
거칠고 불안해 거의 하지 않고 볼트와 너트도 별로 좋아하지 않는다. 대신 끼워
맞추는 방식을 즐겨 쓰는데, 철이라는 재료에 적합하면서도 합리적인 연결
방법이다. 특히 파이프의 경우 내경과 외경차를 이용한다.
현대 재료의 규격을 잘 이해하면 운송과 설치의 편리함이 배가 된다. 산업혁명
이후 철관, 철봉, 철근과 같이 규격화된 소재를 이용해 모든 공산품을 만들었다.
대량생산된 규격 제품은 많은 건축가나 디자이너의 도화지가 됐다. 이런 틀에서
벗어나고 싶다. 즉 단순한 판이나 파이프의 형태를 벗어나서 매스의 형상을
강하게 드러내고 매스와 매스가 이음새 없이 바로 연결되는 게 중요하다. 그래서
최근에는 주물을 기본으로 한 작품 제작에 관심이 많다.

갑 설계 과정에서 특별히 어렵거나 힘든 부분은 있나?
김 항상 구조를 생각해야 한다. 내 작업은 철강이 가지고 있는 강인함을 보여주기
위해 긴장감, 즉 구조적 불안감을 조장하는 것이 많다. 철강이 갖는 일종의
재치다. 그래서 건축과 마찬가지로 구조검토를 받는다. 재료와 강성, 두께와
길이 등에 대한 조율이 중요해 늘 컴퓨터 옆에 KS규격표를 두고 작업한다. 5~6m
정도 크기의 대형 작품에는 두께가 6㎜인 파이프를, 소형 작품에는 2㎜를 많이
사용한다. 특별히 큰 강도가 필요한 경우 파이프 내부에 피아노강선을 배치하고
에폭시를 충진한다. 마치 대형 전선처럼 제작해서 사용한 것인데 상하이, 광화문
작업은 꽤 크지만 작품의 몸체를 이루는 파이프의 두께는 27.2㎜밖에 안된다.

Challenge of Steel

세종문화회관에 작업한 '세 개의 다른 길'은 권위의 상징인 기둥을 강재로 씌우고 노란색 천을 덧입혀 완성했다.

매스와 매스가 이음새 없이 바로 연결되는 게 중요하기 때문에 최근에는 주물을 기본으로 한 작품 제작에 관심을 많이 갖는다.

갑 건축가들과 작업을 많이 한다. 갈바륨 파이프로 만든 세종문화회관
프로젝트도 있다.

김 '세 개의 다른 길'이라는 제목의 작업이다. 이 작업은 '컬렉티드 사일런스'라는 시리즈의 일환인데 '침묵을 수집한다'는 뜻이다. 단단한 재료로 만들어진 물질, 즉 세종문화회관이라는 건축물과 물질이 공간을 구획하고, 이전 세대의 역사, 즉 보이지 않는 다양한 사건과의 관계성을 수집하는 것이다. 세종문화회관은 건축가 엄덕문의 작업으로 한국의 전통 건축의 아름다움을 서구적인 재료로 잘 표현했다. 특히 기둥과 열주는 권위의 상징이다. 팔각형 모양 기둥 3개를 강재로 씌우며 옆으로 비스듬히 틔웠는데, 이때 발색이 좋은 노란색의 면혼방 원단을 사용해서 권위적인 느낌을 강조했다. 결과적으로 세 개의 다른 길을 엿볼 수 있는 구조를 만든 프로젝트다.

갑 2013년 작업인 '가든', 그리고 2017년 뮤지엄 산에 설치된 '선형 가든'은 건축으로 확상된 작업이사 평범한 건물의 외장재로 눈길을 끈다. 최근 진행한 현대자동차 남부서비스센터의 외관 프로젝트도 인상적이다. 무게 때문에 철강 대신 알루미늄으로 외부 입면을 제작했다.

김 이번 프로젝트를 하면서 외장재에 대한 고민을 본격적으로 하게 됐다. 원래 있던 낡은 건물에 알루미늄 복합패널을 붙이고, 분체도장으로 마무리한 알루미늄 파이프를 설치했다. 건물 둘레만 약 550m인데 28m 높이의 89.1Ø 알루미늄 파이프 1,888개를 둘렀다. 10개의 색으로 디자인하여 배치했는데 마치 '인공 정원'처럼 도시에서 공간의 정체성을 바꿀 수 있다.
원래 작업인 '정원'에 대해 이야기하면, 원제는 '자연 속의 인공 정원'이다. 사람은 끊임없이 자연을 추구한다. 숲과 나무 그리고 자연스러움을 찾는데 도시에서 교육을 받고 체계적으로 살면서 인공적인 아름다움에 적응하게 됐다. 인공적인 아름다움, 즉 합리적인 아름다움도 매력으로 받아들인다.
건축은 사회의 이데올로기를 담는다. 지금은 건축과 작품이 같이 탄생하는 화석 프로젝트를 진행하고 있다. 즉 공사 기간 중 콘크리트를 양생할 때 작품이 콘크리트 속에 함께 굳어져서 건물과 동시에 존재하는 프로젝트이다. 건축 설계 단계부터 함께 계획해야 가능한 작업이다.

갑 서울국제금융센터, 조니워커하우스, 아모레퍼시픽 등 대기업과 주로 협업을 한다. 특별한 이유가 있나?

김 서울국제금융센터의 프로젝트는 개발사인 AIG 글로벌 부동산 그룹에서 의뢰한 작업으로 대형 철제 작업의 시작점이 됐다. 해외 기업의 시각에서 보았을 때 금속임에도 불구하고 동양적인 선과 여백을 보았던 것 같다. 나는 재료를 다루는 데 있어서 정통적인 예술 방식과 제조산업 현장에서 많이 사용하는 정밀금속가공 방법을 동시에 사용한다. 또한 작품의 크기와 제작 콘셉트를 통해서 사회적, 건축적으로 확장을 시도하고 있다.

Challenge of Steel

Interview 2
철로 구현한 디테일과 디자인
레어로우 양윤선 대표

인터뷰 심영규

철로 가구를 만든다. 어찌 보면 당연하게 들리지만, 몇 년 전만 해도 국내에 전문 회사가 없었다. 강철로 된 물건이라면 무엇이든 만들 수 있는 곳이 있다. 원하는 디테일로 설계하고 제작, 설치까지 일괄적으로 수행하는 레어로우rareraw의 양윤선 대표를 심플라인 양주공장에서 만났다.

감씨(감) 2014년 2월 설립됐다. 빠른 시간 내에 국내외 많은 기업과 함께 일하며 성공적으로 안착했다.

양윤선(양) 모회사인 심플라인simpleline은 1974년 세워진 금속가구 전문 업체로 매장의 진열집기와 스페이스월 등 철로 된 모든 가구를 만든다. 2014년 만든 자체 브랜드가 레어로우다. 레어로우를 만들 당시만 해도 국내에 철제 가구회사가 없었다. 그래서 설립 후 철재만이 지닌 장점을 어필했다. 1년간 준비 과정을 마치고 2015년 5월, 첫 전시회를 나갔을 때 반응이 좋았다. 관람객들이 디자인만 보고 "목제 가구로 알았는데 두들겨보고 나서야 철재인 줄 알았다"고 말했다. 지난 5년간 철제 가구의 특성을 소비자에게 알리고 이해시키는 데 집중했다. 가장 큰 장점은 모듈화가 가능하고 얇으면서도 강하다는 점이다. 그래서 그 특성을 살린 시스템 가구를 많이 개발했다. 겉으론 약해 보이지만 수십 권의 책을 올릴 수 있다. 흠집이 적고 내구성도 좋다. 내부식성도 우수해 스크래치가 생겨도 재도장이 가능하다.

감 타사와 비교되는 심플라인과 레어로우의 장점은 무엇인가?
양 국내에 철재 재단, 도장, 레이저 가공 등 한 가지 작업만 하는 회사는 많다. 그러나 설계부터 재단, 도장, 제품 브랜드까지 하는 기업은 몇 안된다. 목제 가구와 달리 설비투자를 많이 해야 해서 진입장벽이 높다.

레어로우는 철제 가구의 설계부터 재단, 도장, 브랜딩까지 모두 작업한다.

감 다양한 기업과 작업을 했다. 의자부터 책상, 파티션, 워크스토리지, 시스템 가구, 테이블 등 제품 종류가 많다.
양 철 소재를 다양한 가구에 활용하는 방안을 마련하고 있다. 우리의 기본은 '모듈 시스템'이다. 쉽게 말해 모든 것을 다 진열할 수 있도록 하는 것이다. 처음에 여의도 글래드 호텔의 전 객실에 시스템 선반을 납품했다. 이후 삼우종합건축사사무소에서 자재 라이브러리 시스템을 의뢰받았다. 이후에 현대카드 바이닐&플라스틱vinyl&plastic의 디스플레이 가구를 제작하고 이어 강남의 스튜디오블랙과 쿠킹라이브러리의 가구도 작업했다. 이후에 포스코와 협업해 아일랜드 주방 가구를 공동으로 개발했고, 평창올림픽 미디어레지던스의 실내마감과 포스코 본사의 50주년 갤러리 내부의 패널 전시물도 작업했다.

Challenge of Steel

삼우종합건축사사무소의 소재 라이브러리 시스템

현대카드 쿠킹 라이브러리(왼쪽)과 현대카드 바이닐&플라스틱의 디스플레이 가구

갑 가장 어려운 부분은 어떤 게 있을까?
양 철재에 대한 인식을 바꾸기가 가장 어렵다. 가구 브랜드를 만들며 어떻게 하면
사람들이 철재를 더 가깝게 느낄지 고민을 많이 했다. 그래서 디자인 측면에서
마음을 끌려고 노력한다. 발색이나 분체도장이 주는 아름다움과 감성을 알리기
위해 매년 새로운 색상을 개발한다. 디자인뿐 아니라 색상 조합도 중요하기
때문이다. 장한평의 철재 전시 공간인 스틸얼라이브Steel Alive(p.138 철을 만나는 공간
참고)를 만들고 2층에 전시장을 두어 다양한 철물과 컬러칩을 가까이 접할 수
있도록 했다.

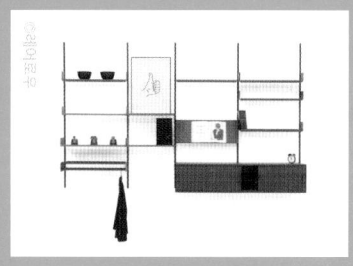

레어로우 시스템225

갑 특별한 기술이나 노하우가 있나?
양 우리는 가구회사라기보다 설계회사다. 모듈로 디자인하면 다양한
공간에서 축소나 확장이 가능하다. 일반적으로 폭 800㎜, 깊이 300㎜, 높이
1,800㎜를 기본 모듈로 두고 이를 바탕으로 다양한 공간에 적용한다. 현대카드
바이닐&플라스틱의 경우 커다란 벽장이 하나처럼 보이지만 사실 9개의 모듈로
되어 있어 사용하다가 마음대로 크기를 변경할 수 있다.
직접 디자인을 하는 만큼 맨파워가 중요하다. 자재구매부터 관리까지 빠른
실행력과 업무에 대한 높은 이해도가 필요하다. 스틸얼라이브 2층에 자재
라이브러리를 둔 것도 연구개발에 투자하기 위해서다.

포스코와 개발한 아일랜드 주방 가구

갑 일일이 설계하고 조립을 하면 인건비가 많이 든다. 완성형 철제 가구 제품을
    양산하는 게 맞지 않나?
양 우리가 추구하는 방향은 빠른 시간 내에 완성도 있는 최적화 시스템을 만드는
것이다. 완성품으로는 글로벌 기업인 이케아나 전 세계의 생산기지인 중국을
따라갈 수 없다. 오히려 개인화된 시스템 가구는 경쟁력이 있다. 일례로 현대카드
런던 사무소에 가구를 납품한 적이 있는데 당시 설치 인건비가 많이 들어 제품만
보냈다. 현지에서 조립하는 데 오차가 없어서 만족도가 높았다. 이렇게 정밀하게
제작하는 것에 우리의 경쟁력이 있다.

갑 많은 건축가와 협업도 한다.
양 각 회사마다 집중하는 게 다르다. 어떤 회사는 디자인에, 어떤 곳은 가격이나
생산량에 집중한다. 우리는 설계와 제조에 집중한다. 디자인 측면에서 외부와
협력하는 것을 좋아한다. 바이빅테이블, 디자인 스튜디오 G280, 지랩(Z-lab) 등
디자인을 잘 하는 사람들이 많다. 그러나 이들은 생산과 제작에 관해선 우리보다
부족하다. 그래서 우리와 잘 어울린다.

갑 앞으로 특별한 계획은?
양 비트라나 이케아 등 해외 가구회사를 보면 디자이너의 이름이 많다. 국내
상황과는 많이 다르다. 해외 브랜드처럼 우리 또한 생산자의 입장에서 디자이너나
스튜디오와 협업하고 싶다. 라이선스 계약을 하거나 생산 판매가 가능하다.
현재 외장재도 개발 중이다. 7층 규모의 건물 외벽에 디자인과 패턴을 입힌다.
알루미늄 패널을 펀칭프레스해서 만든 1.2m 크기의 금속 외장재를 개발 중이다.
건물에 거는 모듈러 방식이라 리모델링 프로젝트에 유리하다.

Challenge of Steel

다품종 소량화 생산기지: 심플라인 양주공장

심플라인은 1993년에 시작해 상업공간 인테리어 마감재와 진열집기를 제작하고 판매한다. 지난해 150억 원 정도의 매출을 올렸고 현재 100여 명이 일한다.

경기도 양주시 광적면에 있는 심플라인 공장은 디자인부터 제작까지 모든 과정을 거쳐 철제 가구를 일괄 생산하는 곳이다. 4,500㎡ 면적의 물류창고를 포함해 총 2만 9,400㎡의 공장부지에 14개 동이 있다. 자재보관소부터 목재와 아크릴 도장공장까지 철로 가능한 모든 공정이 한 공장 내에서 가능해 다품종 소량생산에 특화되어 있다.

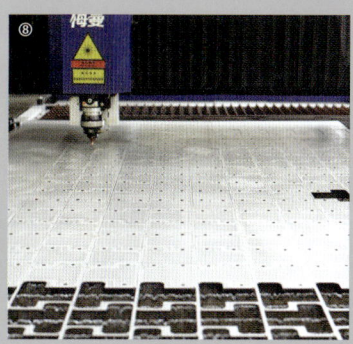

① 자재 보관소에는 다양한 크기의 철판 자재가 쌓여 있다. 주로 두께가 1.2mm 또는 1.6mm인 냉간압연강판(CR)과 스테인리스 스틸(헤어라인), 컬러강판이다. 모두 원장 1,220×2,440㎜을 사용한다.

② 부자재 보관소에는 수만 가지 종류의 볼트, 너트, 와셔, 피스가 있다. 둥근머리, 접지머리, 육각, 십자형 등 다양한 종류를 모두 코드별로 분류하여 정리했다.

③ 형상과 치수에 맞춰 구멍을 뚫고 절삭하는 기계인 펀칭프레스기의 모습. 흔히 NCT라 불린다. 일본 아마다사의 기계로 자동으로 판재를 골라 작업한다.

④ 자동 절곡기인 살바니니는 철판을 절삭하고 접는 기계다. 오차가 거의 없어 모듈 제작에 효과적이다. 공장 한편엔 수동 절곡기도 있다.

⑤ 파이프 가공실엔 파이프를 재단하고 벤딩하고 펀칭하는 기계가 있다.

⑥ 용접동에서는 용접 후 면을 갈아내어 매끈하게 하는 사상 작업을 한다. 모두 하나하나 수작업으로 이루어진다.

⑦ 분체도장 설비로 다른 가공라인과 함께 있다는 것이 장점이다. 물체와 도료에 각각 (+)극, (-)극으로 전극을 띠게 해 도장하는 방식으로 높이 2.4m의 제품까지 도장이 가능하다. 한편에는 소부도장실이 있다.

⑧ 레이저 가공기계다. 아마다사 기계를 포함해 총 3대로 철표면을 가공하고 뚫고 자른다.

⑨ 판재를 자동으로 가져와서 펀칭하고 금형을 교체하는 기계인 핀파워Finn-Power의 모습. 금형의 크기가 커서 작업 속도가 빠르다.

4 Supplement

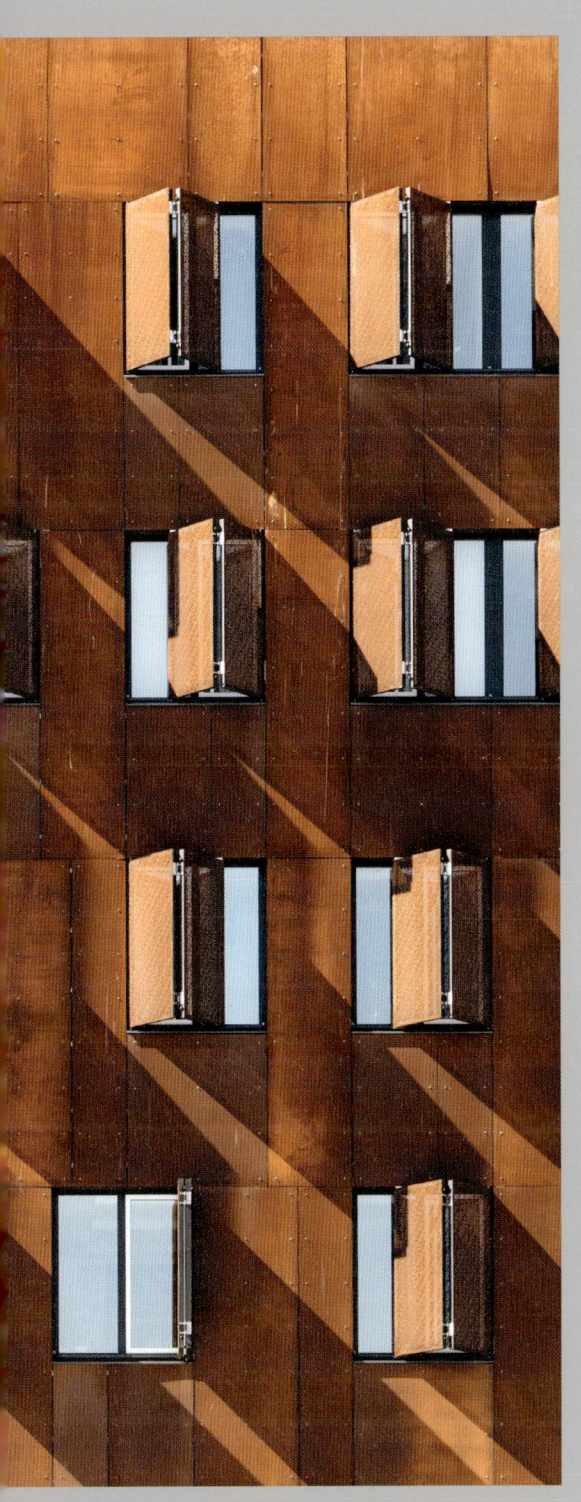

철을 만나는 공간

철은 차갑고 날카로워 친숙하지 않다.
때론 베일 것 같이 위험하기도 하다.
그러나 철의 가능성은 무궁무진하다.
철의 장점을 살려 친숙하게 만날 수
있는 공간 세 곳을 소개한다.

철을 만지고 느끼다
스틸얼라이브 Steel Alive

2층 메이킹 스페이스엔 3D 프린터, CNC 조각기, 절곡기, 드릴 프레스와 같은 기본적인 철 가공 장비부터 폰트 크기나 투명도 모두 조정이 가능한 레이저 커팅기와 파이프 밴딩기까지 갖추고 있다.

장한평역에서 5분 거리에 레어로우와 심플라인의 서울 본사 스틸얼라이브가 2018년 5월 30일 오픈했다. 산업용, 자동차, 선박용 건축용 재료로서의 철이 아닌 일상의 철을 보여주기 위해 만든 공간이다. 1층은 레스토랑과 전시장, 2층은 자재 라이브러리와 메이킹 스페이스, 3층은 공유 오피스다. 차별화된 각각의 공간이지만 레어로우의 제품과 설계 능력을 보여주는 일종의 쇼룸이다.

3층 공유 오피스에 들어서면 회의실의 타공강판과 갈바륨으로 된 파티션이 눈에 띈다. 양윤선 대표는 "기본 모듈은 알루미늄, 갈바륨, 유리 등 모두 다른 재료지만 톤앤매너가 같다"고 설명한다. 3층은 냉연철판을, 2층은 열연 제품을 기본으로 썼다. 그는 "마감에 대한 고민이 중요하다"며 "냉연과 열연을 노출해서 쓰는 것에 대한 연구를 많이 했다"고 말한다.

갈바륨의 경우 반짝이는 부분을 잘 보여주기 위해 유광으로 코팅했다. 최소두께 60㎜인 파티션 안쪽으로 전선과 통신선 처리가 되어 있다.

2층엔 라이브러리와 메이킹스페이스가 있다. 그는 "디자이너들은 소규모의 샘플을 작업하기가 어렵다. 공장은 설비를 돌리려면 비용이 많이 들고 힘들다"고 말한다. 작은 목업이나 샘플을 만들고 입주자나 디자이너 그리고 레어로우의 제품 개발을 위해서 사용하는 공간이다. 장안동이라는 사이트의 특성상 식사를 할 수 있는 곳이 별로 없어 1층엔 레스토랑을 두었다. 디자이너나 작가들이 오면 회의하는 공간이 되기도 한다.

그는 "향후 철재를 다루는 것을 친숙하게 만들고 싶다"며 캘리그라피 디자인, 스틸럽과 조명 제작 등의 철재 가공 수업을 준비하고 있고 7월 중순부터 시작할 예정이다.

주소	서울시 동대문구 천호대로83길 31
사이트	steelalive.co.kr
운영시간	월요일-금요일 오전 9시-오후 6시

3층 공유 오피스는 냉연강판을 기본으로 사용해서 디자인했다.

1층엔 레스토랑과 매장이 있다. 철제 가구뿐 아니라 작은 소품도 구매할 수 있다.

자재 라이브러리엔 다양한 색상의 철판과 소재들이 코드별로 분류되어 일목요연하게 볼 수 있다.

Supplement

철건축의 미래 트렌드를 엿보다
포스코 스틸갤러리

2층 월드 프리미엄관에선 철 조각이 흩어졌다 모였다를 반복하며 철이 적용된 다양한 형상을 연출하는 키네틱스틸 작품과 관람객의 움직임을 감지해 반응하는 인터랙티브 디스플레이 작품을 볼 수 있다.

포스코는 2018년 4월 2일 1995년부터 운영해오던 포스코센터의 스틸갤러리를 리모델링해서 종합전시장으로 개관했다. '철과 함께하는 조화로운 미래, 스틸 하모니'를 콘셉트로 제품 전시관을 꾸민 것이다. 1층 생활전시관은 우리 주변에서 쉽게 접할 수 있는 철에 관한 전시 공간이다. 또한 신제품인 기가스틸에 관한 VR 체험이 가능하다.

2층 월드 프리미엄관에선 새로 개발했거나 개발 예정인 철의 트렌드를 살펴볼 수 있다. 벽면에 둘러져 있는 4개의 반투명 디스플레이엔 네 가지 미래 트렌드를 중심으로 제품에 적용한 실물이나 모형을 볼 수 있다. 이 중에 '메가시티' 섹션이 건축용 철강재다.

초고층 건물에 사용되는 내진용 철강재 HSA High Performance Steel for Architecture 뿐 아니라 다이아그리드 시스템 Diagrid System, 내진댐퍼 시스템, 메가 기둥 등 구조나 기술에 관한 정보와 BIM과 3D, 가상현실 같은 기술을 활용하는 스마트 건설기술에 관한 국내 사례와 영상을 볼 수 있다. 특히 70% 이상을 공장에서 미리 생산해 현장에서 블록 쌓기처럼 조립해 완성하는 모듈러 시스템에 관한 기술도 엿볼 수 있다. 두께 1㎜의 내외장 강재를 사용한 스틸하우스는 고내식강재인 포스맥과 성형가공된 컬러강판을 내외장용 패널로 활용하는 개념이다. 자재 낭비를 줄일 수 있어 경제적이고 단열 성능과 방음성이 우수하다는 것이 특징이다. 외장재는 내식성이 중요하기 때문에 크롬과 몰리브덴(Mo)을 많이 함유한 페라이트 ferrite계 스테인리스 스틸을 사용하는데, 열팽창계수가 크지 않아 지붕재와 같이 온도 변화가 큰 곳에 사용할 수 있다. 스틸갤러리는 월요일부터 토요일, 10시부터 19시까지 무료관람이 가능하다.

주소	서울시 강남구 테헤란로 440
	포스코센터 1, 2층
사이트	www.posco.co.kr
운영시간	월요일-토요일 오전 10시-오후 7시

Supplement

오래된 미래의 철 공간
F1963

철에 관해 영감과 상상을 얻을 수 있는 F1963. 중고서점 안쪽엔 3층 높이의 구조물을 만들어 철과 책을 가까이서 접할 수 있도록 했다. 오는 10월엔 F1963 라이브러리를 개관할 예정이다.

부산 수영구 망미동에 있는 고려제강 수영공장은 10만m²의 넓은 부지로 1963년부터 2008년까지 45년간 와이어로프를 생산하던 곳이었다. 2016년 키스와이어 본사와 센터를 만들고 8년간 버려졌던 2만 5천m² 부지의 폐산업시설을 복합문화공간 F1963으로 기획했다. 'F'는 철의 원소 기호인 'Fe'와 공장의 영문 표기 'Factory'에서 차용했다. 이름 그대로 철에 관해 영감을 얻을 수 있는 상상의 공장이다.

공장의 형태와 골조는 거의 그대로 보존하면서 넓은 평면의 중간을 잘라내고 약 880m² 규모의 중정을 만들어 채광과 환기를 확보했다. 과거 공장의 전면 벽체를 제거하고 유리와 파란색의 확장철망을 설치해 공간을 확장하고, 공장의 이미지를 벗고 복합문화공간의 새로운 이미지를 만들었다. 낡은 공장의 바닥은 외부 조경 공간인 소리길에 디딤돌로 재활용했고, 지붕을 받치던 목재 트러스는 벤치로 용도를 바꿨다.

F1963의 내부는 크게 전시와 공연 같은 문화 공간과 교육, 상업 공간으로 구성돼 있다. 테라로사, 복순도가, 프라하993 등의 상업시설과 중고서점 그리고 6,000m² 면적의 전시실과 공연장(석천홀 2,046m²)이 있다. 오는 10월엔 F1963 라이브러리를 개관할 예정이고 앞으로 저층부에 남아 있던 과거 건물을 헐고 교육 아카데미 시설을 확장할 계획이다.

F1963의 안과 밖에는 여전히 과거 공장 분위기가 살아있다. 내후성강판과 타공철판, 확장철망 그리고 와이어가 건축에 적용된 다양한 사례를 볼 수 있다. 이곳에서는 철과 관련된 전시물뿐 아니라 인테리어 요소로 활용한 공간까지 볼 수 있다.

주소	부산광역시 수영구 구락로123번길 20
사이트	www.f1963.org
연락처	051-756-1963
운영시간	매일 오전 9시-오후 9시

Supplement

철재 생산과 가공·시공 업체 정보

철은 볼트와 너트 등의 연결 부위부터 철근콘크리트의 구조재, 패널과 같은 외장재까지 건물에 다채롭게 쓰인다. 다양한 건축용 철을 제조, 제련하는 철강 생산업체와 철을 공간에 맞게 가공하고 시공하는 업체 40여 곳을 소개한다. 생산업체는 제품의 종류에 따라 분류하고 생산하는 제품을 픽토그램으로 알기 쉽게 표현했다. 업체별 정보를 파악하여 원하는 용도에 맞는 제품을 좀 더 빠르게 선택해보자.

철재 생산 업체 31

Index

● 봉강   Ⓗ 형강   ⊖ 선재   ▢ 판재   ◉ 강관
🔧 가공   🔨 시공

일관제철

㈜포스코 ▢
🌐 posco.co.kr

생산 제품	냉연강판, 열연강판, 아연도강판, 중후판
공장	포항제철소, 광양제철소
본사 주소	경상북도 포항시 남구 동해안로 6261
연락처	☎ 054-220-0114

현대제철㈜ ● Ⓗ ⊖ ▢ ◉
🌐 hyundai-steel.com

생산 제품	환강, ㄱ형강, ㄷ형강, H형강, I형강, 철근, 냉연강판, 열연강판, 아연도강판, 기타도금강판, 중후판, 컬러강판, STS전기용접강관, 롤벤더강관, 전기용접강관
공장	인천공장, 당진공장, 순천공장, 포항공장, 예산공장, 울산공장, 순천단조공장
본사 주소	서울시 서초구 헌릉로 12 현대기아차사옥 서관
연락처	☎ 02-3464-6114

제강(전기로)

대한제강㈜ ●
🌐 idaehan.com

생산 제품	철근, 가공철근, 코일철근
공장	녹산공장, 평택공장
본사 주소	부산광역시 사하구 하신번영로 69
연락처	☎ 1670-3300

동국제강㈜ ● Ⓗ ⊖ ▢
🌐 dongkuksteel.com

생산 제품	평강, ㄱ형강, ㄷ형강, H형강, 철근, 냉연강판, 아연도강판, 기타도금강판, 중후판, 컬러강판
공장	인천제강소, 포항제강소, 부산공장, 당진공장
본사 주소	서울시 중구 을지로5길 19 페럼타워
연락처	☎ 02-222-0114

동부제철㈜ ● ▢ ◉
🌐 dongbusteel.co.kr

생산 제품	강선류(냉간압조용강선), 냉연강판, 열연강판, 기타도금강판, 컬러강판, 스파이럴강관, 전기용접강관
공장	당진공장, 음성공장, 동부인천스틸
본사 주소	서울시 중구 후암로 98 LG서울역빌딩 22층
연락처	☎ 02-3450-8114

와이케이스틸㈜ ● ●
🌐 yk-steel.co.kr

생산 제품	평강, 철근
본사 주소	부산광역시 사하구 을숙도대로 760
연락처	☎ 051-260-2114

한국철강㈜ ⊖ ◉
🌐 kisco.co.kr

생산 제품	철근, 전기용접강관
공장	창원공장
본사 주소	경상남도 창원시 성산구 공단로103번길 37
연락처	☎ 055-260-0500

한국특수형강㈜ ● Ⓗ
🌐 ekosco.com

생산 제품	봉강, 평강, 형강, ㄱ형강, ㄷ형강
공장	사상공장, 녹산공장, 칠서제강소
본사 주소	부산광역시 사상구 장인로77번길 52
연락처	☎ 051-323-2611~5

환영철강공업㈜ ⊖
🌐 ehansco.co.kr

생산 제품	철근
공장	당진공장
본사 주소	충청남도 당진시 석문면 보덕포로 587
연락처	☎ 041-350-2500

제강(특수강)

㈜세아베스틸 ●
🌐 seahbesteel.co.kr

생산 제품	환강
공장	군산공장, 창녕공장
본사 주소	서울시 마포구 양화로 45 세아타워 28, 29층
연락처	☎ 02-6970-2000

세아창원특수강 ● ◉
🌐 seahss.co.kr

생산 제품	평강, 환강, 무계목강관
본사 주소	경상남도 창원시 성산구 적현로 147
연락처	☎ 055-269-6114

냉연·도금 강판

동국산업㈜ ▢
🌐 dkis.co.kr

생산 제품	열연강판, 아연도강판
공장	포항공장, 시흥공장
본사 주소	서울시 중구 다동길 46
연락처	☎ 02-316-7500

㈜TCC동양 ▢
🌐 tccsteel.com

생산 제품	기타도금강판
본사 주소	경상북도 포항시 남구 괴동로 100
연락처	☎ 054-285-3311

포스코강판㈜ ▢
🌐 poscocnc.com

생산 제품	아연도강판, 기타도금강판, 컬러강판
공장	포항공장
본사 주소	경상북도 포항시 남구 철강로 173
연락처	☎ 054-280-6114

㈜한금 ▢
🌐 hankookmetal.co.kr

생산 제품	냉연강판, 열연강판
공장	양산공장, 포항공장
본사 주소	경상남도 양산시 어실로 89
연락처	☎ 055-370-5661~5

Supplement

강관

금강공업㈜
🌐 kumkangind.co.kr

생산 제품	전기용접강관
공장	언양공장, 진천공장, 음성공장, 창녕공장, 모듈러공장
본사 주소	서울시 서초구 효령로60길 16 금강공업빌딩
연락처	☎ 02-3415-4000

동아스틸㈜
🌐 dosco.com

생산 제품	탄소강관, 각형강관
본사 주소	부산광역시 사상구 낙동대로 901 부산은행 사상공단지점 2층
연락처	☎ 051-320-3000

동양철관㈜
🌐 dysp.co.kr

생산 제품	롤벤더강관, 스파이럴강관
공장	천안공장, 충주공장
본사 주소	충청남도 천안시 동남구 풍세면 풍세로 515
연락처	☎ 041-578-5511

㈜세아제강
🌐 seahsteel.co.kr

생산 제품	아연도강관, 컬러강관, STS전기용접강관, 롤벤더강관, 스파이럴강관, 전기용접강관
공장	군산판재공장, 군산강관공장, 포항공장, 창원공장, 순천공장
본사 주소	서울시 마포구 양화로 45 세아타워
연락처	☎ 02-6970-0010

㈜스틸플라워
🌐 steelflower.co.kr

생산 제품	탄소강관
공장	진영공장, 포항공장, 순천공장
본사 주소	부산광역시 해운대구 센텀서로 30 KNN타워 25층
연락처	☎ 051-750-3000

일진제강㈜
🌐 iljinsteel.com

생산 제품	무계목강관
공장	안양공장
본사 주소	전라북도 임실군 임실읍 호국로 1746
연락처	☎ 070-4395-6512

㈜하이스틸
🌐 histeel.co.kr

생산 제품	롤벤더강관, 전기용접강관
공장	당진공장, 인천공장
본사 주소	충청남도 당진시 송악읍 부곡공단4길 28-252
연락처	☎ 041-357-8511~4

한국주철관공업㈜
🌐 kcip.co.kr

생산 제품	스파이럴강관
공장	포항공장
주소	부산광역시 사하구 공단대로 6
연락처	☎ 051-291-5481

㈜휴스틸
🌐 husteel.com

생산 제품	전기용접강관
공장	당진공장, 대불공장, 대구공장
주소	서울시 강남구 테헤란로 512 신안빌딩 14,15층
연락처	☎ 02-828-9000

열간압연

㈜코스틸
🌐 kosteel.co.kr

생산 제품	철근
공장	포항공장, 음성공장, 광주공장
본사 주소	서울시 동대문구 사가정로 122 하우스토리 4층
연락처	☎ 02-2106-0200

㈜화인베스틸
🌐 finebesteel.com

생산 제품	ㄱ형강, I형강
공장	창녕공장
본사 주소	경상남도 창녕군 창녕읍 창밀로 259-33
연락처	☎ 055-259-2000

선재가공

고려제강㈜
🌐 kiswire.com

생산 제품	강선류(PC강선, 경강선, 비드와이어, 아연도경강선)
공장	유산공장, Hyrope공장, 양산공장, 건천공장, 언양공장
본사 주소	부산광역시 수영구 구락로 123번길 20
연락처	☎ 051-754-6007

동일제강㈜
🌐 dongil-steel.co.kr

생산 제품	마봉강, 강선류(PC강선, 아연도경강선)
공장	안성공장, 포항공장
본사 주소	경기도 안성시 미양면 안성맞춤대로 474-40
연락처	☎ 031-677-1234

DSR제강㈜
🌐 dsrcorp.com

생산 제품	강선류(경강선, 아연도경강선)
공장	순천공장, 율촌공장
본사 주소	전라남도 순천시 서면 산단1길 15
연락처	☎ 061-752-0121

만호제강㈜
🌐 manho.co.kr

생산 제품	강선류(PC강선, STS강선, 경강선, 아연도경강선)
공장	양산공장, 창원공장, 부산공장
본사 주소	부산광역시 중구 중앙대로 116번길 14
연락처	☎ 051-442-0651

영흥철강㈜
🌐 youngwire.co.kr

생산 제품	마봉강, 강선류(PC강선, 경강선, 아연도경강선)
공장	창원공장
본사 주소	충청남도 보령시 주교면 관창공단길 50
연락처	☎ 041-939-3900

철재 가공, 시공 업체 13

대건특수도장
가공 종류	분체도장, 액체도장
특징	작업 최대 규격 4,000×8,000×3,200㎜
주소	경기도 안산시 단원구 해안로31번길 20 202호
연락처	☎ 031-495-1109

대한금속
가공 종류	R가공, 평철가공, 프레스가공
주소	서울시 영등포구 경인로72길 7
연락처	☎ 02-2635-1797

모스(Mohse) — mohse.co.kr
가공 종류	하드웨어, 핸드레일, 간판
특징	건축 및 인테리어 철재 하드웨어 전문
주소	서울시 강남구 논현로149길 71 캠브리지 빌딩 501호
연락처	☎ 02-3444-4148 ✉ mohsekorea@naver.com

선진플러스 — oksunjin.co.kr
가공 종류	공공 시설 및 공공 디자인 구조물, 광고판 제작
특징	디자인 기획부터 제작, 설치, 사후관리까지 맞춤 서비스 제공
주소	경기도 성남시 중원고 성남대로 1149
연락처	☎ 031-721-4400

성광금속 — e-sungkwang.co.kr
가공 종류	스테인리스 스틸관 제작 및 가공(열처리, 산처리)
특징	홈페이지 통해 견적 문의
주소	서울시 양천구 국회대로 98 용하빌딩 3층
연락처	☎ 02-2607-8900

스틸라이프 — steellife.net
가공 종류	비정형 외장재 및 거푸집, 지붕 구조 제작
특징	자동화 시스템으로 구현하는 3차원 비정형 곡면판 성형 기술
	DDP, 여수엑스포 주제관과 삼성관 작업
주소	경기도 안양시 동안구 홍안대로427번길 38 1213호
연락처	☎ 02-855-1405

에스제이금속 — steellife.net
가공 종류	비정형 외장재 및 거푸집, 지붕 구조 제작
특징	가공 물량 제한 없음, 물량 따라 직배송 가능
주소	경기도 포천시 가산면 금현경제로1길 35
연락처	☎ 031-531-8672 ✉ sjcnc2008@naver.com

SG신성건설 충주사업소 — www.sscorp.co.kr
시공 종류	건축, 토목 시공
주소	충청북도 충주시 동량면 수회길 264
연락처	☎ 043-857-9641

이지에이앤씨
시공 종류	철재 작업 전문으로 하는 건축·인테리어 종합 시공사
특징	금천폴리파크 내 작품을 비롯한 금속 조형물 다수 작업
주소	서울시 강남구 논현로12길 3-12 3층
연락처	☎ 02-573-8082

인페쏘 — infeso.com
가공 종류	레이저 가공
특징	TV, 오디오 작업장 등 금속 가구 제작, 파이프 레이저 가공 기술 특화
주소	인천광역시 남동구 능허대로 546 남동인더스파크 174B 2L
연락처	☎ 032-813-6600

조영산업 — blog.naver.com/jy2067
가공 종류	조형물, 디자인울타리, 버스승강장, 파고라, 기타 금속구조물
특징	조립식 경계펜스 특허 보유
	국형걸 대표의 도봉구청사 증축 공사 프로젝트 협업(p.57 참고)
주소	대전광역시 대덕구 새말3길 36
연락처	☎ 042-626-2067

천호벤딩 — chbending.com
가공 종류	CNC 파이프 벤딩
특징	4", 3", 2" CNC 파이프 벤딩기 보유
주소	경기도 남양주시 수동면 비룡로586번길 53-18
연락처	☎ 02-486-2828 ✉ cns1005@daum.net

해인공영 — haein5756.cafe24.com
시공 종류	내외부 금속공사, 금속 조형물, 철 구조물
주소	경기도 광주시 광남안로431번길 28-20
연락처	☎ 031-765-0468 ✉ haein5756@hanmail.net

분체도장 업체 정보
감04 페인트편 p.149 참고

Supplement

참고자료

단행본

— 조준현·조민석. 『건축재료학』. 기문당, 2017.
— 김영창. 『재료와 가공』. 태학원, 2016.
— Edward Allen·Joseph Iano. 『건축시공 및 재료학』. 이한승(역). 시공문화사, 2010.

웹사이트

— 고려제강㈜ www.kiswire.com
— 동국제강㈜ www.dongkuksteel.com
— 럭스틸 www.luxteel.com
— 레어로우 www.rareraw.com
— ㈜스틸라이프 www.steellife.net
— ㈜포스코 www.posco.co.kr
— 포스코경영연구원 www.posri.re.kr
— 한국철강협회 www.kosa.or.kr
— 현대제철㈜ www.hyundai-steel.com